NATALIE SCHNACK

Leise überzeugen

Mehr Präsenz für Introvertierte
Der Ratgeber für Alltag und Beruf

INHALT

Vorwort   6

Einführung   8

Ihr Weg zu mehr Sichtbarkeit und Präsenz 8

Klischees aus dem Weg räumen und Bremsen lösen   10

Von Klischees und (eigenen) Schubladen 11

Klischee Nr. 1: Für einen ersten guten Eindruck gibt es keine zweite
Chance. 12

Klischee Nr. 2: Wer Erfolg haben will, muss sich verkaufen. 14

Klischee Nr. 3: Nur die ersten Geigen zählen. 16

Klischee Nr. 4: Will man gesehen werden, muss man laut auf sich
aufmerksam machen. 18

Klischee Nr. 5: Selbstmarketing bedeutet dampfplaudern. 19

Klischee Nr. 6: Sei sittsam, bescheiden und rein und nicht wie die stolze
Rose, die immer bewundert will sein. 20

Klischee Nr. 7: Eigenlob stinkt. 22

Die drei größten inneren Barrieren **24**

Barriere Nr. 1: Die Selbstverständlichkeitsfalle 25

Barriere Nr. 2: Der Vergleich mit anderen 28

Barriere Nr. 3: Das „Nie genug"-Prinzip 32

Ihr Umfeld: Bremser meiden, Mentoren suchen **35**

Identifizieren Sie Ihre Bremser 36

Finden Sie Mentoren 43

Ein starkes inneres Leitbild als Fundament   **48**

Welcher Persönlichkeitstyp sind Sie? **49**

Der Erkenntnistyp 50

Der Beziehungstyp 53

Der Handlungstyp 55

Ihre Stärken und Schwächen in puncto Sichtbarkeit **57**

Stärken und Schwächen – was wirklich dahintersteckt **59**

Ihre Stärken im Einsatz 60

Ihre Schwächen mit starkem Kern 61

Persönlichkeitstypen: Kerneigenschaften der Sichtbarkeit **66**

Ihre Selbstakzeptanz **72**

Wie finden Sie sich eigentlich? 73

Wie sieht es mit Ihrer eigenen Wertschätzung aus? 76

Erfolge und Misserfolge 79

Ihr Sichtbarkeits-Leitbild **80**

Baustein 1: Ihr Sichtbarkeits-Ist und -Soll 80

Baustein 2: Ihre Stärken-Bilanz: Erkenntnis, Beziehung, Handeln . . 81

Baustein 3: Ihr gezielter Fokus auf die Kerneigenschaften 85

Mein Sichtbarkeits-Steckbrief **86**

Status nutzen für mehr Präsenz   **88**

Was ist Status? **89**

Status innerlich und äußerlich – die Zusammenhänge **91**

Hochstatus und Tiefstatus 91

Innen hoch – außen hoch 92

Innen hoch – außen tief 93

Innen tief – außen hoch 94

Innen tief – außen tief 95

Was ist der Augenhöhe-Status? 96

Ihr Grundstatus **99**

So beeinflussen Sie Ihren Status **104**

Senker und Heber Ihres Grundstatus 104

Bewusst nach außen einen anderen Status zeigen 106

Status zum Raum 111

Improvisieren lernen – 7 Regeln für mehr Sichtbarkeit **116**

Regel Nr. 1: „Ja, und ..." Erkenne Angebote und nimm sie an! . . . **118**

Regel Nr. 2: Lass dich verändern! **122**

Regel Nr. 3: Nimm dich und andere in den Fokus! **126**

Regel Nr. 4: Wechsle die Perspektive! **130**

Regel Nr. 5: Sei mittelmäßig! **134**

Regel Nr. 6: Gewinne die Lust am Scheitern! **138**

Regel Nr. 7: Sorge für dich und hab Spaß! **142**

Das Räume-Modell **146**

Schritt für Schritt zu mehr Sichtbarkeit und Präsenz **146**

Von der Komfortzone zur Entwicklung **147**

Ihre Komfortzone 149

Ihre Wohlfühlinsel 151

Ihr Sicherheitsraum 154

Der Entwicklungsraum 157

Der Zeit-Faktor 159

Der Wow!-Faktor 162

Ab in die Entwicklung! **163**

Ihre Sichtbarkeitserfolge 170

... und noch mal zum Wow! **172**

Zum Schluss 176

Danke! 177

Anhang 178

Zum Weiterlesen 178
Über die Autorin 179

VORWORT

Ich mag keinen Small Talk. Ich bin mir selbst genug. Stille ist so wunderbar. Ich will nicht immer reden. Unter Menschen bin ich schnell erschöpft und überreizt. Ich denke viel über mich und die Welt nach. An fremde Menschen und Umgebungen muss ich mich erst gewöhnen. Ich beobachte erst und halte mich lieber im Hintergrund. Lasst mich doch alle in Ruhe, wenn ich in eine Sache vertieft bin!

Genau solche Gedanken waren es, die mich zu der Frage angestiftet haben: Bin ich vielleicht introvertiert? Ja, ich weiß, ich habe mich gut an die extrovertierte Welt angepasst und mein eigentliches leises Wesen sicher hinter einer Schutzmauer verborgen. Umso schöner war diese Selbsterkenntnis, die ich dem Ratgeber „Leise Menschen – starke Wirkung" von Sylvia Löhken verdanke. Ja, ich bin ein leiser Mensch und so bin ich okay – war das ein Befreiungsschlag!

Doch ziemlich schnell merkte ich auch, dass ich aus meiner eigenen Erfahrung noch einiges dazu zu sagen habe:

- Introvertierte sind nicht alle gleich, sie haben unterschiedliche Stärken und Schwächen – deshalb sollten sie nicht ständig in einen Topf geworfen werden.

- Selbsterkenntnis ist sehr wichtig, keine Frage. Doch dann geht es darum, die Verantwortung dafür zu übernehmen, wie wir von anderen wahrgenommen werden – intensive Präsenz entsteht aus dem Zusammenspiel von Innerem und Äußerem. Je weniger wir uns selbst sabotieren, desto leichter wird es, unseren inneren Reichtum nach außen zu zeigen. Leise sein und Präsenz passen ganz wunderbar zusammen!
- Das Leben und die Beziehungen zu anderen Menschen sind nicht wirklich planbar, wir sind immer darauf angewiesen, zu improvisieren. Doch darauf kann man sich mithilfe der Improvisationsphilosophie vorbereiten.
- Locker lassen! Wir Intros neigen ja dazu, uns und das, was um uns geschieht, viel zu ernst zu nehmen. Deswegen sollte der Spaßfaktor nicht zu kurz kommen.

All das war der Antrieb für dieses Buch. Ich hoffe, dass es Ihnen auf Ihrem Weg zu mehr Sichtbarkeit eine echte Hilfe ist.

Ihre Natalie Schnack
Sichtbarkeits-Coach

EINFÜHRUNG

Ihr Weg zu mehr Sichtbarkeit und Präsenz

Wie heißt es so schön? „Klappern gehört zum Handwerk." Doch das ist leichter gesagt als getan. Nicht jeder ist zum Klappern gemacht – eher introvertierte, leise Menschen wie Sie und ich jedenfalls nicht. Wir wenden unsere Aufmerksamkeit und Energie lieber nach innen.

Doch in unserer westlichen Welt haben es extrovertierte Menschen offenbar leichter. Sie können sich inszenieren und in den Mittelpunkt der Aufmerksamkeit stellen. Fast hat es den Anschein, als ob nur laute „Rampensäue" erfolgreich sein können.

Das will ich nicht akzeptieren! Zumal ganz viele Leise es wunderbar hinkriegen, sich so sichtbar zu machen, dass ihre Qualitäten deutlich vom Umfeld wahrgenommen werden. Daher geht es in diesem Buch darum, dass Sie Ihre Tarnung aufgeben und dafür sorgen lernen, dass man Sie wahrnimmt. Und zwar so, wie Sie sind.

Auf diesem Weg möchte ich Sie gerne Schritt für Schritt begleiten.

Sich sichtbar machen bedeutet „nachweisen, zeigen, demonstrieren, herausstellen, enthüllen, an die Oberfläche bringen, zur Ansicht freigeben, offenlegen". Sichtbarkeit ist also keine Ansammlung von Marketingtricks, sondern eine Einstellung zu uns selbst, die uns die Erlaubnis gibt, das Vorhandene offenzulegen und unserem Umfeld zu zeigen. Diese Einstellung nützt Ihnen beruflich wie auch privat – ob Sie nun wollen, dass Ihre Vereinskollegen Ihre Arbeit endlich zur Kenntnis nehmen, oder ob Sie Ihrem Chef bei der nächsten Gehaltsverhandlung schlüssige Argumente liefern möchten.

Lassen Sie uns also jetzt beginnen, an Ihrer Sichtbarkeit zu arbeiten!

KLISCHEES AUS DEM WEG RÄUMEN UND BREMSEN LÖSEN

Sie wissen, wie wichtig es für Sie ist, dass Sie sich zeigen. Aber als introvertierter Mensch haben Sie genau davor Hemmungen. Was Sie da ausbremst, sind Klischees und Denkfehler, aber auch Menschen, die Ihnen nichts zutrauen und Sie klein halten.
Am Beginn Ihres Weges zu mehr Sichtbarkeit heißt es also, diese Bremsen zu identifizieren und zu lösen und sich gleichzeitig positive Unterstützung zu suchen.

Es ist so eine Sache mit der Sichtbarkeit: Einerseits wissen wir natürlich, dass sie wichtig ist. Denn nur wenn wir wahrgenommen werden, bekommen wir Aufmerksamkeit und Anerkennung, man traut uns mehr zu, wir verdienen mehr Geld und die richtigen Leute werden auf uns aufmerksam. Andererseits haben gerade die Leiseren viele Hemmungen, wenn es darum geht, sich sichtbar zu machen.

Zu oft haben sie erlebt, dass sie und ihre Qualitäten übersehen werden. Zu oft haben sie gehört, dass ihre Eigenschaften nicht wirklich gefragt sind. Das führt zu allerhand Bremsen im Kopf. Fangen wir mit den typischen Klischees an, die in den Köpfen herumspuken.

Von Klischees und (eigenen) Schubladen

Bitte nehmen Sie sich, bevor Sie weiterlesen, Zeit für die folgende Übung. Denn wenn Sie Ihre Meinung vorab konkretisieren, kommen Sie Ihren inneren Bremsen viel differenzierter auf die Spur.

ÜBUNG

Kreuzen Sie spontan an, wie Sie zu diesen sieben Klischees stehen:

Klischee	So ein Quatsch!	Ich fürchte, das stimmt.	Das stimmt sicher!
Für einen ersten guten Eindruck gibt es keine zweite Chance.			
Wenn man Erfolg haben will, muss man sich verkaufen.			
Nur die ersten Geigen zählen.			
Will man gesehen werden, muss man laut auf sich aufmerksam machen.			
Selbstmarketing = Dampfplaudern			
Sei sittsam, bescheiden und rein und nicht wie die stolze Rose, die immer bewundert will sein.			
Eigenlob stinkt.			

Wenn Sie noch mehr aus dieser wichtigen Übung herausholen möchten, begründen Sie in einem zweiten Schritt jede Ihrer Antworten. Beginnen Sie Ihre Begründung z. B. so:

- Ich finde, es ist Quatsch, zu behaupten, dass es keine zweite Chance für einen ersten Eindruck gibt, weil ...
- Ich fürchte, dass man laut auf sich aufmerksam machen muss, wenn man gesehen werden will, weil ...
- Es stimmt, dass Eigenlob stinkt, weil ...

Nun schreiben Sie frisch von der Leber weg Ihre Gedanken zu diesem Spruch und Ihre Ansicht dazu auf ein Blatt Papier.

Tipp Legen Sie sich für die praktischen Aufgaben hier im Buch ein spezielles Heft zu, in das Sie alle Ihre Sichtbarkeitserkenntnisse und -ziele notieren.

Fertig? Dann knöpfen wir uns jetzt jedes einzelne Klischee intensiver vor. Denn gerade diese verinnerlichten Sprüche setzen sich in uns fest. Oft hinterfragen wir sie überhaupt nicht mehr, sondern haben sie automatisch als unschöne Wahrheit abgespeichert. Das Gemeine: Das beeinflusst nicht nur unser aktives Handeln, sondern es beeinflusst uns auch unterbewusst. Sehen Sie selbst.

Klischee Nr. 1: Für einen ersten guten Eindruck gibt es keine zweite Chance.

Dass der erste Eindruck nur beim ersten Treffen entstehen kann, ist logisch. Und es stimmt natürlich auch, dass das, was wir beim ersten Mal wahrnehmen, einen bedeutsamen Eindruck hinterlässt. Das kennt jeder von uns: Wenn wir einen Menschen zum ersten Mal sehen, bilden wir uns rasch ein Urteil über ihn. Unser Gehirn ist da sehr gut organisiert: Wir bewerten innerhalb weniger Millisekunden unbewusst, ob wir einer neuen Person entspannt begegnen oder eher auf der Hut sind. Die Kriterien sind dabei gute und schlechte Erfahrungen im Leben, vertraute oder neue Verhaltensweisen, Ähnlichkeiten mit und Unterschiede zu uns selbst – und auch zu anderen. Erinnert uns die Person an jemanden, den wir mögen, sind wir offener – und umgekehrt eher verschlossen, wenn sie uns an jemanden erinnert, den wir nicht mögen.

Oft erweist sich die erste so gebildete Meinung als die richtige – nicht umsonst sagt man manchmal im Nachhinein: „Das habe ich mir doch gleich gedacht", auch wenn man nicht genau weiß, ob es sich dabei nicht um eine sich selbst erfüllende Prophezeiung handelt.

Doch bedeutet das, dass diese Momentaufnahme nicht mehr hinterfragt wird? Heißt es, dass wir uns in den ersten Minuten des Kennenlernens besonders anstrengen und alles mobilisieren müssen, um einen guten Eindruck zu hinterlassen? Und dass sozusagen alles verloren ist, wenn wir diesen ersten Augenblick versemmeln? Das ist nämlich die eigentliche Aussage dieses Klischees.

Die enthaltene Botschaft Ich finde diesen Satz insofern fatal, als die darin enthaltene Botschaft oft so verstanden wird: Entweder man schafft es, in wenigen Sekunden einen Menschen für sich zu gewinnen und ihn von sich zu überzeugen, oder man hat Pech gehabt.

Das führt dazu, dass an jeder Ecke die Menschen eben auf diesen ersten Moment hin trainiert und optimiert werden. Ade Echtheit und Spontaneität! Man denke nur an die sogenannten Elevator Pitches, mit denen man in genau 30 Sekunden alles Wichtige über sich und seine Qualitäten so herunterrattern soll, dass das Gegenüber sofort sagt: „Gekauft!"

Insbesondere leise Menschen neigen ja in ungewohnten Situationen dazu, sich eher zurückzuhalten und sich die Sache erst einmal in Ruhe anzuschauen, statt gleich in die Offensive zu gehen. Dieser Spruch setzt gerade sie insofern unter Druck, als hier zwei extreme Verhaltensweisen provoziert werden:

- Anzutrainieren, sich offensiv zu verhalten, so als ob man ein extrovertierter Mensch wäre. Das bedeutet allerdings, sich zu verstellen, eine Maske aufzusetzen und sich gegen das eigene Naturell zu verhalten.
- Zu resignieren und solche Situationen entweder ganz zu vermeiden oder sie mit der „Wird eh nichts"-Einstellung und einer aufgesetzten Gleichgültigkeit hinter sich zu bringen.

Beide Alternativen sind weder hilfreich noch sinnvoll.

Ich behaupte nicht, dass der erste Eindruck nicht wichtig ist oder dass man sich keine Mühe geben sollte, sich in einem guten Licht zu präsentieren. Aber mir missfällt, dass unsere Gesellschaft dadurch auf Oberflächlichkeit und Maskenkarneval „abgerichtet" wird und dass wir verstecken, was wir eigentlich sichtbar machen möchten: uns selbst.

Jeder kann sich natürlich gut auf die ersten Momente im Leben, ob im privaten oder beruflichen Umfeld, vorbereiten. Doch bitte sehr so, dass andere wirklich SIE kennenlernen und keine Maske.

MERKSATZ

Wenn ein leiser Mensch als ein leiser Mensch wahrgenommen wird, dann ist alles richtig gelaufen.

Klischee Nr. 2: Wer Erfolg haben will, muss sich verkaufen.

Die erste Assoziation zum Wort „verkaufen" dürfte bei den meisten negativ sein. Klinken putzen, sich aufdrängen, sich anbiedern ... das Prinzip Verkauf ist schon unangenehm genug, und jetzt soll man auch noch „sich verkaufen"?

Auch in diesem Klischee steckt ein Körnchen Wahrheit: Im Leben gilt durchaus, dass nicht unbedingt die tollsten Menschen mit den besten Eigenschaften und Qualifikationen zum Zug kommen, sondern die, die andere von sich überzeugen können. Das gilt für Bewerbungsgespräche genauso wie für ein Date. Natürlich ist es wichtig, eigene Erfolge und Qualitäten entsprechend verpacken und anderen präsentieren zu können. Die Hoffnungen, andere würden von alleine merken, was man alles geleistet und was man wirklich zu bieten hat, erweisen sich meistens als unberechtigt.

Die enthaltene Botschaft Was mich stört, ist, wie dieser Spruch genutzt wird und was er häufig suggeriert: „ Man muss sich offensiv an den Mann bringen – ob der andere will oder nicht." Doch darum geht es nicht!

Es gibt das Verkaufen der schlechten Sorte, so wie man das früher gemacht hat und wie es viele schlechte Ratgeber heute noch vermitteln: sich selbst als Produkt sehen, die eigenen Leistungen größer machen, als sie sind, und sich auf aggressive Weise jedem, der nicht bei drei auf dem Baum ist, unterzujubeln.

Es gibt aber auch das Verkaufen der guten Sorte, was zum Glück viele mittlerweile gemerkt haben: sich zeigen, informieren, in Dialog kommen. Auch im Privatleben und Beruf können wir andere nur von uns überzeugen, wenn wir uns zeigen, etwas preisgeben und in Beziehung zu den anderen treten.

Nun tragen viele den Spruch „Ich kann mich nicht verkaufen" als eine Art Schutzschild vor sich her. Oft höre ich sogar so etwas wie: „Ich kann es nicht und ich will es auch nicht! Kein Mensch, der was wirklich drauf hat, hat es nötig, sich verkaufen zu müssen."

Tja, da sitzt man dann wohl wieder in einer Schublade:
- Entweder man resigniert und hält sich für unfähig.
- Oder man hält sich tatsächlich für zu nobel, um mit anderen über sich zu reden. Ehrlich gesagt, fällt mir das aber schwer zu glauben. Dann drängt sich mir die Frage auf: Geht es hier wirklich darum, dass man es für unnötig hält, oder ist es vielmehr eine Trotzreaktion, weil man nicht weiß, wie es geht?

So oder so, wenn Sie beim nächsten Mal darüber nachdenken, ob Sie sich und Ihre Qualitäten offenlegen, vergessen Sie nicht sich zu fragen, was Sie zu dem Klischee „Man muss sich verkaufen, um Erfolg zu haben" wirklich meinen.

MERKSATZ

Es geht nicht darum, anderen etwas vorzugaukeln, sondern darum, das zu zeigen, was da ist.

Klischee Nr. 3: Nur die ersten Geigen zählen.

Im Streichquartett hat der Spieler der ersten Geige die tonangebende Rolle. Die übrigen Spieler müssen sich an ihm orientieren und sich anpassen. Natürlich hat die erste Geige dadurch eine besondere Bedeutung: Sie ist wichtig, steht im Mittelpunkt und bestimmt, wohin die Reise geht. Von Menschen, die stets versuchen, über alles und jeden zu bestimmen, sagt man, sie wollen ständig die erste Geige spielen.

Die enthaltene Botschaft Was hier wieder auffällig ist, ist die Ausschließlichkeit, die damit einhergeht: „Entweder du bist die erste Geige und bestimmst über alles, oder du bist zum Sichtbarwerden nicht geeignet."

Das kann zu verschiedenen Reaktionen führen:
- Man versucht krampfhaft zum Bestimmer zu werden, was einem nicht nur Freunde bringt. Hallo! Die meisten Menschen wollen nicht, dass man über sie bestimmt, sie wollen, dass man auf sie eingeht und sie überzeugt.

- Oder man zieht sich zurück mit der Begründung, es würde einem ja sowieso nicht liegen, in der ersten Reihe zu stehen. Also ist es hoffnungslos, sich überhaupt irgendwelche Gedanken in puncto Sichtbarkeit zu machen.

Beides ist keine Lösung, dafür steckt darin ein großer Denkfehler: Wenn wir nur von Bestimmern umgeben wären, wie anstrengend und unkoordiniert wäre dann das Leben?!

Jeder von uns zieht bestimmte „Funktionen" vor: Es gibt die Tonangebenden, es gibt die Unterstützer, die mit Rat und Tat lieber mehr im Hintergrund bleiben. Es gibt die selbstständigen einsamen Wölfe, die es lieben, im stillen Kämmerlein vor sich hinzuwerkeln … und, und, und.

Dazu kommt, dass sich diese Rollen oft auch mischen. Sogar bei uns Leisen gibt es Lebensbereiche, wo wir manchmal gerne die erste Geige sind (oder gar nicht darüber nachdenken, weil wir automatisch hin und wieder die Führung übernehmen), und andere Situationen, wo wir eher beobachtend am Rand stehen.

Das Gegenteil von erster Geige darf aber nicht Unsichtbarkeit sein! Denn es geht darum, zu sich zu stehen, sich und die eigenen Ziele gegenüber anderen zu behaupten.

MERKSATZ

Auch ohne die Führung zu übernehmen oder im Mittelpunkt zu stehen, können Sie mehr Präsenz zeigen.

Klischee Nr. 4: Will man gesehen werden, muss man laut auf sich aufmerksam machen.

Manche Menschen reißen jedes Gespräch an sich, haben keine Scheu, andere zu unterbrechen, und genieren sich nicht, aus vollem Hals zu lachen. Gehört man zur leisen Gattung, schaut man ihnen entweder bewundernd oder entnervt bei ihrem Treiben zu: „Wie die wieder die Aufmerksamkeit an sich reißen!"

Glaubt man dem Klischee, dann ist man erneut in der Bredouille:
- Entweder man versucht es auch auf die laute Art, verstellt sich also. Das fühlt sich falsch an und geht oft auch gehörig in die Hose, denn es passt schlichtweg nicht zum eigenen Naturell.
- Oder man hält sich erst recht im Hintergrund und meidet jede Situation, in der man sich gezielt in den Vordergrund spielen würde. Manchmal mit der Ausrede, dass andere schon laut genug sind oder dass eh schon alles gesagt ist.

Die enthaltene Botschaft Das bedeutet also: Leise Menschen müssen sich entweder verstellen oder sie gehen im Lärm unter. Doch das stimmt einfach nicht: Man muss keineswegs zwangsläufig laut sein, um gesehen zu werden. Sie kennen bestimmt mehrere Beispiele, ob im Bekanntenkreis, unter Kollegen oder bei Prominenten: Gerade die Stillen, die eine wache, selbstbewusste Art haben, sind oft viel präsenter als so mancher Selbstdarsteller.

MERKSATZ

Gesehen und wahrgenommen zu werden hat überhaupt nichts mit Lautstärke zu tun!

Klischee Nr. 5: Selbstmarketing bedeutet dampfplaudern.

Sicher haben Sie das auch schon in der Schule erlebt: Ein Mitschüler kommt nach vorne, redet zehn Minuten richtig klug daher, ohne aber inhaltlich etwas Nennenswertes zum Thema zu sagen. Der Lehrer ist begeistert und gibt dem Schwätzer die beste Note. Man selbst dagegen sagt in wenigen Worten nur das, was man zu 100 Prozent weiß, und wird vom Lehrer nur mittelmäßig bewertet. Jahre später hat man dann in so manchem Meeting ein Déjà-vu: Da sind sie wieder! Die, die zu allem ihren Senf geben und zur Not einfach wiederholen, was der Chef gerade gesagt hat.

Die enthaltene Botschaft Das Klischee impliziert also: „Um auf sich aufmerksam zu machen, muss man mehr reden, als man zu sagen hat." Doch geht so Selbstmarketing? Ist es tatsächlich so, dass man nur als Sprücheklopfer wirklich sichtbar werden kann?

Ich finde, hier müssen wir aufpassen, dass wir nicht vor lauter Eifer alle Menschen, die gut reden können und spontan nicht um einen Spruch verlegen sind, in einen Topf mit den Dampfplauderern schmeißen. Die einen haben nämlich wirklich was zu sagen, bringen Tiefe und guten Humor mit. Die anderen reden, um sich reden zu hören, und sind sich für keinen noch so blöden Witz zu schade – Hauptsache Aufmerksamkeit.

Wirklich gute Redner bringen nicht nur Talent und Veranlagung mit, sondern sie haben auch lange und hart dafür gearbeitet. Und sie haben gelernt, ihre Stärken und Schwächen zum eigenen Vorteil zu nutzen (dazu kommen wir im Kapitel „Ein starkes inneres Leitbild als Fundament"). Übrigens: Es gibt auch wunderbare leise Redner, also daran soll es nicht scheitern. Das ist das eine. Das andere ist: Es gibt ganz sicher Menschen, die sich von der Dampfplauderei beeindrucken lassen. Doch alle Welt für so dämlich zu halten, sich von den lockeren Sprüchen ohne Substanz beeindrucken zu lassen, das ist reichlich übertrieben. Denn die meisten Menschen interessieren sich ganz sicher für den Inhalt und die Tiefe. Und genau da schließt sich der Kreis zum Selbstmarketing.

MERKSATZ

Es ist sehr wichtig, anderen das von sich zu zeigen, von dem Sie möchten, dass es wahrgenommen und gewürdigt wird. Auf eine Weise, die zu Ihnen passt. Aber durchaus aktiv!

Klischee Nr. 6: Sei sittsam, bescheiden und rein und nicht wie die stolze Rose, die immer bewundert will sein.

Mich gruselt es bei dem Gedanken, wie viele Menschen (besonders Frauen) über Generationen hinweg dieser Spruch begleitete – man denke nur an das berüchtigte Poesie-Album. Nichts gegen Bescheidenheit an sich! Ganz im Gegenteil: Ich finde, dass Bescheidenheit heutzutage so manchem Zeitgenossen gut zu Gesicht stehen würde. Wie jede andere Tugend aber lebt auch sie von der richtigen Dosis. Übertreibt man es damit, wird aus einer Tugend nämlich eine Untugend.

Die enthaltene Botschaft In diesem Satz steckt die Bedeutung: Wer stolz ist, sucht gleichzeitig nach Bewunderung, aber beides ist verpönt. Besonders bedenklich ist, dass dieser Spruch gerade bei den leisen Menschen auf einen dankbaren Boden fällt, denn wenn man ohnehin eher leise ist, kann man leicht auf die Idee kommen, dass man gefälligst zurückhaltend und bescheiden zu sein hat. Dass man es sogar wie eine Medaille vor sich hertragen sollte, sich unsichtbar zu machen. Durch solche Glaubenssätze wird jeder Versuch, die eigene Zurückhaltung aufzugeben, zunichte gemacht.

Sowohl Bescheidenheit als auch Stolz sind wertvolle Tugenden. Es ist sehr wichtig für unser Selbstvertrauen, unsere Zufriedenheit und damit auch unsere Selbstwirksamkeit, dass wir uns dessen bewusst sind, was uns auszeichnet und was wir gut machen. Und mal ehrlich: Ist es nicht toll, wenn man auch mal bewundert wird? Wer behauptet, so etwas würde keinen Spaß machen, dem glaube ich kein Wort!

Was passiert denn, wenn man in der Bescheidenheits-Schublade gelandet ist?

- Die eigenen Erfolge werden heruntergespielt und kleingeredet. Auch Lob wird am besten gar nicht oder nur begleitet von Schamgefühlen angenommen. Bei jedem noch so leichten Anflug von Stolz wird man von richtig schlechten Gefühlen übermannt.
- Andere Menschen, die in der Lage sind, stolz auf sich zu sein, und dazu stehen, dass sie die Bewunderung durchaus genießen können, werden verachtet. Man sieht sich selbst als ein besserer, tugendhafterer Mensch.

Dieses Klischee hat eine enorme Auswirkung auf Generationen von Menschen gehabt und gehört zur Kategorie „Geht gar nicht!" Kürzlich las ich im Internet die Umkehrung davon und musste sehr schmunzeln: „Sei nicht wie ein Veilchen im Moose – sittsam, bescheiden und rein. Du kannst doch viel lieber wie eine Rose etwas stachelig und stolz auf dich sein." Ich denke, es ist an der Zeit, den ursprünglichen Spruch zeitgemäß umzuformen!

Die Basis: sich selbst wertschätzen und sich erlauben, von sich begeistert zu sein. Im Kapitel „Ein starkes inneres Leitbild als Fundament" bekommen Sie umfassend Gelegenheit dazu.

Klischee Nr. 7: Eigenlob stinkt.

Von allen hier erwähnten Klischees finde ich dieses am schlimmsten! Wo auch immer es herkam. Es hat sich rasend schnell verbreitet und so tiefe Wurzeln geschlagen, dass es wirklich als gesellschaftlich inakzeptabel gilt, sich selbst zu loben. Wer es doch tut, bekommt schnell zu spüren, wie unangemessen sein Verhalten ist – betretenes Schweigen und peinlich berührte Menschen sind noch die harmlose Variante. Oft wird einem buchstäblich ein „Eigenlob stinkt!" um die Ohren gehauen.

Die enthaltene Botschaft Dieses Klischee besagt: Wer positiv über seine Stärken und Erfolge spricht, ist ein Angeber. Es ist wirklich komisch: Negativ über sich zu reden ist absolut akzeptabel. Es ist für die allermeisten Menschen überhaupt kein Problem, auf Anhieb eine lange Liste an eigenen Makeln und Schwächen zu nennen. Geht es aber darum, zu sagen, dass man etwas wirklich gut kann, oder sich frei von der Leber weg über einen tollen Erfolg zu freuen, dann ist es irgendwie peinlich und unangenehm.

Dabei ist es auch hier wichtig zu unterscheiden, denn Eigenlob ist nicht gleich Eigenlob:
- Wenn jemand pausenlos nur über sich selbst redet und jedem, der es nicht wissen will, Dinge unter die Nase hält à la „mein Haus, mein Auto, mein Boot", dann ist das schlicht Angeberei.

● Wenn aber jemand freudestrahlend davon erzählt, was ihm gerade gelungen ist, und seine Freude teilt, dann ist das verdient. Wohl denen, die sich mitfreuen oder beeindruckt sind!

Denken Sie an Bewerbungsgespräche: Wird man gefragt, welche Stärken man hat, dann will der Fragende Antworten hören und gleichzeitig abchecken, wie die Person sich selbst einschätzt. Wie Sie mit sich selbst umgehen, wie gut Sie sich kennen und wie sehr Sie zu sich stehen, bestimmt mit, welchen Eindruck Sie auf andere machen!

Leider wird stattdessen Menschen, die gut über sich und eigene Erfolge sprechen, unterstellt, dass sie es offenbar nötig haben. Dabei ist es doch auch kein Problem, andere zu loben. Warum ist es bei sich selbst so anders? Meistens, weil dieses „Eigenlob stinkt" sich von klein auf verhakt hat. Oder weil man oft mitbekommen hat, wie andere als Angeber bezeichnet wurden, nur weil sie gut über sich selbst gesprochen haben.

Über seine Erfolge zu sprechen, sich seiner Stärken (und Schwächen) bewusst zu sein und zu sich selbst zu stehen, all das hat nichts mit stinkendem Eigenlob zu tun, sondern mit gesundem Selbstbewusstsein im Sinne von „mir meiner selbst bewusst sein".

MERKSATZ

Wenn Sie von anderen gewürdigt werden möchten, fangen Sie erst mal selbst damit an!

Die drei größten inneren Barrieren

Wie wir eben schon bei den Klischees gesehen haben, bremsen uns Denkmuster sehr stark aus. Dadurch, dass Introvertierte besonders viel über sich selbst nachdenken, leiden sie mitunter stärker unter Selbstzweifeln, Selbstbe- und -abwertungen und einem ausgeprägten Perfektionsanspruch. Daraus entsteht eine Fülle innerer Barrieren, mit denen sie sich zusätzlich im Wege stehen. In der Arbeit mit meinen Kunden haben sich die folgenden drei Barrieren herauskristallisiert, die auch noch miteinander in Verbindung stehen und sich gegenseitig bedingen:

1. Die Selbstverständlichkeitsfalle
2. Der Vergleich mit anderen
3. Das „Nie genug"-Prinzip

Natürlich haben diese Barrieren eine spezielle Aufgabe: Sie sollen uns schützen. Irgendwann – aufgrund von schlechten Erfahrungen und Ängsten – hat unsere Psyche bestimmte Barrieren aufgebaut, die uns vor weiteren Enttäuschungen bewahren sollten. Sie wirken nach dem Motto: „Riskiere nichts, dann kann dir auch nichts passieren!" Manchmal sind das nicht mal eigene Sicherheitsbarrieren, sondern wir haben sie von unseren Eltern oder unserem Umfeld gelernt.

Das Dumme ist, dass eben diese Barrieren die Sichtbarkeit von vornherein unmöglich machen und Sie vor dem Erreichen Ihrer Ziele „schützen". Denn alle drei wirken so, dass man denkt, man wäre nicht sehenswert. Kommt Ihnen also eine dieser Barrieren – oder mehrere – bekannt vor, dann heißt es, sich damit jetzt auseinanderzusetzen. Denn solange diese Barrieren aktiv sind, werden Sie sich immer scheuen, sich zu zeigen.

Barriere Nr. 1: Die Selbstverständlichkeitsfalle

Die erste Aufgabe, die meine Kunden im Sichtbarkeits-Coaching bekommen, besteht darin, sich an die Situationen zu erinnern, in denen sie erfolgreich waren, ganz egal zu welcher Zeit in ihrem Leben und ob sie privater oder beruflicher Natur sind. Die Geschichten dieser Erfolge erzählen sie mir dann im Coaching. Es ist immer wieder toll zu sehen, wie sie dabei strahlen und ihre Augen leuchten – sie fühlen sich so richtig in ihrem Element. Gemeinsam schauen wir uns dann an, welche Fähigkeiten sie in der jeweiligen Erfolgsgeschichte eingesetzt haben. Wenn wir dann zehn bis 15 Geschichten so bearbeitet haben, zeigen sich ganz klare Muster. Denn einige Fähigkeiten tauchen immer wieder auf.

Dann sage ich: „Schauen Sie, und genau das sind Ihre größten Stärken." Dann erlebe ich es sehr oft, gerade bei leisen Menschen, wie schnell das Leuchten in den Augen erlischt und ich plötzlich eine entgeisterte Person vor mir habe. „Das sollen meine Stärken sein? Dafür muss ich doch gar nichts machen, ich kann das einfach. Es ist doch eine Selbstverständlichkeit, das wäre ja peinlich, darüber zu reden."

Das stimmt! Die eigenen Stärken sind die Fähigkeiten, die einem besonders leicht fallen und die schon immer da waren. Deswegen kommen auch Gedanken und Einwände wie

- „Das ist doch nichts Besonderes."
- „Das kann/macht doch jeder."
- „Das ist doch selbstverständlich."
- "Das muss man nun nicht extra erwähnen."
- „Das interessiert doch keinen."

Willkommen in der Selbstverständlichkeitsfalle!

Meine Antwort auf solche Einwände ist, dass es deswegen ja auch eine Stärke ist, weil sie einfach da ist und null Anstrengung bedeutet. Gerade die Menschen, die sehr selbstkritisch sind, brauchen jetzt etwas länger, bis es an dieser Stelle klick macht. Dahinter steckt der weit verbreitete Denkfehler, dass Stärke etwas mit Anstrengung zu tun hat. Das, was man sich mühsam angeeignet hat, schätzt man somit wesentlich mehr als das, was sowieso schon da war.

Die Tiermetapher Hier nutze ich gern die Tiermetapher, die ich von meinem NLP-Lehrer Ralf Stumpf gehört habe (NLP = Neuro-Linguistisches Programmieren, ein psychotherapeutisches Konzept für Kommunikation und Veränderung) und die ursprünglich auf Vera F. Birkenbihl zurückgeht. Schaut man sich Tiere und ihre Stärken an, dann ist sonnenklar: Der Affe klettert auf Bäume. Der Delfin schwimmt im Meer. Der Adler fliegt hoch im Himmel.

Das wundert keinen. Wenn aber jetzt der Affe seine Kletterfähigkeit als Selbstverständlichkeit ansieht und stattdessen lieber schwimmen lernen würde, könnte er wohl nach vielen Trainingsstunden schwimmen, doch würde er nie so gut schwimmen können wie der Delfin, dem diese Fähigkeit angeboren ist. Noch skurriler ist die Vorstellung, wenn der Delfin statt zu schwimmen lieber klettern oder fliegen wollte beziehungsweise der Adler schwimmen oder klettern.

Jetzt schauen wir uns an, wie die Selbstverständlichkeitsfalle Ihre Sichtbarkeit behindert: Sie können davon ausgehen, dass die Fähigkeiten, für die Sie oft Komplimente bekommen und bei denen andere ausgerechnet Sie um Hilfe bitten, zu Ihren Stärken gehören, z. B. Ausflüge organisieren oder schnell ein witziges Gedicht für die Geburtstagskarte reimen.

Wenn Sie dann denken:

- „Ich kann das nicht mehr hören; ich mag nicht, wenn die Leute mich für solche Selbstverständlichkeiten loben, ich finde es albern."
- „Das fällt mir so leicht, ich muss mich doch gar nicht anstrengen dafür, das kann doch nun wirklich jeder."

… dann sitzen Sie einerseits in der Selbstverständlichkeitsfalle. Andererseits werden Sie erst recht nicht bereit sein, über Ihre Erfolge und Stärken zu reden, wenn das alles so banal ist. Also, adieu Sichtbarkeit!

Und was die Selbstverständlichkeiten betrifft – überlegen Sie mal, wofür Sie einen anderen aufrichtig bewundern und ihm Komplimente machen. Richtig: genau für die Dinge, die für Sie nicht selbstverständlich sind. Es sind die Fähigkeiten, die Sie für besonders oder toll halten und die Ihnen selbst nicht so liegen oder die Sie (noch) nicht so gut beherrschen.

ÜBUNG

Wen haben Sie zuletzt gelobt oder heimlich bewundert und für welche Stärken? Schreiben Sie mindestens fünf auf, z. B.:
- den Freund, der ein wahres Improvisationsgenie ist
- die Barista, die extrem gut multitasken kann
- den Kollegen, der perfekte Statusberichte aus dem Stegreif macht
- die Lieferantin, die extrem ruhig geblieben ist, als Sie sich böse beschwert haben
- den Nachbarn, weil er alles reparieren kann

Fazit Es gibt nichts, was für jeden Menschen selbstverständlich ist. Es gibt keinen anderen Menschen auf der Welt, der die gleichen Fähigkeiten in der gleichen Zusammensetzung und Qualität besitzt wie Sie. Punkt.

Im Kapitel „Ein starkes inneres Leitbild als Fundament" setzen Sie sich mit Ihren Eigenschaften, Stärken und Erfolgen intensiv auseinander und machen sich diese so richtig bewusst.

Barriere Nr. 2: Der Vergleich mit anderen

Die beiden Barrieren Selbstverständlichkeitsfalle und Vergleich mit anderen hängen stark miteinander zusammen. Überlegen Sie mal: Wenn Sie das, was Sie können, für nichts Besonderes halten, dann ist es doch nur klar, dass andere viel bessere und wichtigere Stärken und Fähigkeiten haben als Sie! Das ist natürlich totaler Humbug. Doch eins nach dem anderen.

Ein Beispiel *Als ich vor Jahren als Angestellte an mehreren Projekten arbeitete und viele Präsentationen zu halten hatte, verglich ich mich immer mit meinem damaligen Chef, der eine irrsinnige Begabung hatte, Zahlen, Daten und Fakten zu jonglieren, und sie äußerst wirkungsvoll präsentierte. Also habe ich mich daran gemessen und versucht, meine Präsentationen genauso aufzubauen und zu halten. Doch irgendwie passte das nicht zu mir. Das wusste ich schon damals. Nur habe ich daraus falsche Schlüsse gezogen: Ich hielt mich für eine schlechte Präsentatorin. Das machte mich sehr unglücklich und ich hasste es, trotzdem immer präsentieren zu müssen. Davon abgesehen waren meine Präsentationen damals wirklich eher durchschnittlich.*

Eines Tages war ich spontan zu einem Meeting eingeladen worden, wo ich über die Fortschritte eines von mir geleiteten Projektes berichten musste. Ich konnte keine Präsentation vorbereiten, sondern musste mich auf das verlassen, was ich an Informationen im Kopf hatte. Aufregung! Panik! Doch es nützte nichts. Ich musste etwas sagen. Todesmutig ging ich nach vorne und fing an, statt über Daten und Fakten über die Zusammenhänge innerhalb des Projektes zu sprechen und darüber, welche Auswirkungen die Verzögerungen im Projekt auf andere Projekte und damit betraute Mitarbeiter hatte. Um die einzelnen Stationen darzustellen, griff ich mir das sonst nie genutzte Flipchart und malte darauf. Ich redete mich wirklich in Rage, was ich von sonstigen Präsentationen nicht kannte.

Als ich fertig war, sah ich die erstaunten Gesichter der ganzen Führungsriege zu mir aufschauen. Der Chef war begeistert und lobte mich vor versammeltem Gremium (was schon eine Rarität war). Mehrere Kollegen sprachen mich im Anschluss an und sagten, dass ich so ganz anders aufgetreten sei und dass sie mich als wesentlich präsenter erlebt hätten als sonst.

So entdeckte ich rein zufällig, dass meine vorigen Präsentationen durchschnittlich waren, weil es einfach nicht meine Art zu präsentieren war. Weil ich einen Maßstab gewählt hatte, der überhaupt nicht zu meinen Qualitäten passte. Heute weiß ich, welche Stärken ich habe und was mir ganz selbstverständlich gelingt. Und statt mich an anderen zu orientieren, versuche ich immer meinen eigenen Weg zu suchen.

Ein Problem des Vergleichens ist also, dass man sich an falschen Maßstäben orientiert, sich das Leben damit erschwert und den eigenen Erfolg unterminiert. Ein weiteres Problem ist, dass man sich im permanenten Wettbewerb zu anderen erlebt. Es findet immer ein Soll-Ist-Vergleich mit einer oft idealisierten Person statt. Und das läuft wieder, wie bei den Klischees, auf ein Entweder-oder hinaus:

- Entweder ich oder er/sie ist besser, schöner, klüger etc.
- Sie ist gut in ... – ich bin schlecht darin.
- Er macht ... richtig – ich mache es falsch.
- Sie präsentiert sehr professionell – ich bin unprofessionell.

- Seine Stärke ist wirklich toll – ich kann nichts Besonderes.
- Was sie kann, ist wirklich wertvoll – was ich kann, ist wertlos.
- Er ist mir fachlich überlegen – ich bin ihm unterlegen.

Die Tiermetapher Jetzt lassen Sie uns die Tiermetapher noch einmal anschauen: Stellen Sie sich vor, der Affe hat tatsächlich gelernt zu schwimmen, der Delfin übt sich im Klettern und der Adler versucht alles, um laufen zu lernen, weil er einer Antilope nacheifert. Statt stolz zu sein auf das bisher Erreichte, vergleichen sie sich ständig mit den anderen: Der Affe vergleicht seine Schwimmkünste mit denen des Delfins. Der Delfin misst seine Klettergeschwindigkeit mit der des Affen. Der Adler will mit der Antilope um die Wette laufen.

Dass dieses Vergleichen nur Frust und Demotivation mit sich bringt, liegt auf der Hand. Ich will hier aber nicht den Vergleich per se verteufeln. Die Frage ist vielmehr, an welchem Maßstab vergleicht man sich. Wenn Sie sich mit Menschen vergleichen, die von Haus aus ganz andere Voraussetzungen mitbringen oder sogar das Gegenteil von Ihnen sind – etwa wenn Sie sich als leiser Mensch mit besonders lauten Menschen vergleichen –, werden Sie immer den Kürzeren ziehen.

Die Muster, nach denen man sich Frust holt, sind dabei immer wieder ähnlich:
- Man nimmt sich viel zu viel vor. Das führt zur Überforderung und dann Enttäuschung über sich selbst beziehungsweise die sich selbst erfüllende Prophezeiung, dass es wie immer nicht klappt, wird bestätigt.
- Oder man macht sich von Anfang an kleiner, als man ist, weil man nicht mit der Vergleichsperson mithalten kann. Das führt dazu, dass man denkt: „Das ist eh nichts für mich, ich bin dazu nicht in der Lage, deswegen fang ich gar nicht erst an."

Und da haben wir es wieder: Wer eigene Stärken für selbstverständlich hält und ihnen keine Bedeutung beimisst, die Stärken von anderen dagegen für wesentlich attraktiver und begehrenswerter hält, wird sich schwertun damit, sich und eigene Qualitäten sichtbar zu machen und über die eigenen Erfolge zu sprechen.

SELBST-CHECK: SITZEN SIE IN DER VERGLEICHSFALLE FEST?

Lassen Sie uns anschauen, wie es bei Ihnen ist und ob Sie auch in der Vergleichsfalle festsitzen. Überlegen Sie dies für den Bereich, in dem Sie sich mehr Sichtbarkeit wünschen:
- Mit wem vergleichen Sie sich?
- Was ist das für eine Person?
- Welche ihrer Fähigkeiten bewundern Sie?
- Worin unterscheidet sich diese Person von Ihnen?

Machen Sie diesen Vergleich aber richtig differenziert. Denn wenn Sie genau ausloten, was Sie an anderen warum bewundern, und nicht nur sagen „Der ist besser als ich" oder „Das kann ich nie", dann gelingt es Ihnen, sich konstruktiv zu vergleichen und Anregungen zu holen beziehungsweise den anderen als Vorbild wahrzunehmen. Indem Sie im Alltag genau hinhören, wenn der Kollege wieder so brillant alles auf den Punkt bringt, oder sogar um Tipps fragen.

Fazit Hören Sie auf, sich ständig zu vergleichen. Jeder Mensch ist anders und jeder hat seine eigenen Qualitäten, die herauszufinden sich lohnt. Also richten Sie Ihren Fokus darauf, Ihre Stärken herauszufinden. Denn das sind Fähigkeiten, auf die Sie sich jederzeit verlassen können. Genau diese Stärken machen Sie zu etwas Besonderem. Umso schöner, dass uns diese Eigenschaften und Stärken so besonders leicht fallen, weil sie uns angeboren sind, weil wir viel Erfahrung auf einem bestimmten Gebiet haben oder weil wir uns diese Stärken erarbeitet haben.

Barriere Nr. 3: Das „Nie genug"-Prinzip

Die dritte Barriere stellt oft eine Fortsetzung der anderen beiden dar: Das, was man selbst ist, ist selbstverständlich. Die anderen können es sowieso viel besser. Da muss es in der letzten Konsequenz darauf hinauslaufen, dass man erst noch einiges lernen muss, bevor man sich aus der Tarnung wagen darf. Lassen Sie uns also schauen, was hinter dem „Nie genug"-Prinzip steckt: Es ist die Angst, nicht zu genügen, schlechter zu sein als andere und deshalb abgelehnt zu werden.

Ein Beispiel *Auf meiner ersten Netzwerkveranstaltung wurde mir wie noch nie zuvor klar, dass ich keinen Small Talk kann. Mir behagte das oberflächliche Geplänkel über das Wetter mit wildfremden Leuten überhaupt nicht. Und so schlich ich nach einem einzigen sehr kurzen Gespräch mit einer einzigen Person still und leise weg von dieser Veranstaltung.*

Das einzige Gespräch, das ich geführt hatte, war in meinen Augen inhaltsleer, ich hatte mich weder selbst vorgestellt, noch wusste ich, mit wem ich sprach. Im Grunde war es nicht mehr als „Hallo und auf Wiedersehen". Während andere Menschen um mich herum munter miteinander plauderten, Kontakte knüpften und sich amüsierten. Ich war entsetzt über mich und meine Unfähigkeit, in Kontakt zu anderen Menschen zu treten. Seit dieser Zeit mied ich solche Veranstaltungen wie der Teufel das Weihwasser.

Nun tat ich das, was die Introvertierten am liebsten tun: Ich las Bücher und Beiträge zum Thema Small Talk und Netzwerken. Doch wie Sonja, meine liebe Trainer-Kollegin und gute Freundin, immer sagt: „Das Wissen ist der Trostpreis". Die Sache spitzte sich immer mehr zu. Je mehr ich las, umso mehr Panik hatte ich davor, zu scheitern. Denn das, was ich an Ratschlägen las, entsprach so ganz und gar nicht meiner Art.

Jedes Mal, wenn ich mich zu einer Netzwerkveranstaltung ange-
meldet hatte, kam etwas dazwischen, ob plötzliche Kopfschmer-
zen oder ein anderer Termin, der doch wichtiger war – ich drückte
mich mit aller Macht davor. Um Ausreden war ich natürlich nicht
verlegen, ich redete mir ein, dass ich mich noch besser vorbereiten
müsste, mein Elevator Pitch einfach noch nicht knackig genug war
und was sonst alles.

Dieses Beispiel zeigt ganz deutlich, was passiert, wenn man in der
„Nie genug“-Falle gelandet ist. Letztlich handelt es sich dabei immer
um Selbstzweifel, basierend auf einem ausgeprägten Perfektionsanspruch:

- Wenn ich noch … habe/kann, dann …
- Solange ich … noch nicht kann, …
- Entweder ich kann das so wie … oder gar nicht.

Genau da sind wir beim Kern des Problems angelangt: Mit diesem
gesamten Barrieren-Konstrukt ist man eigentlich nie richtig so weit
und bereit, sich anderen Menschen zu zeigen. Man kann somit noch
eine weitere Runde im Inneren drehen und das, was noch nicht gut
genug ist und nicht bereit für die Öffentlichkeit, durchwetzen. Das
passt ja sehr gut zu unserem leisen Gebaren.

Ich habe das jetzt natürlich ironisch und sehr überspitzt formuliert,
doch fühlen Sie sich nicht auch genauso ertappt wie ich selbst, wenn
Sie das lesen?

Wollen Sie wissen, wie die Small-Talk-Geschichte weitergegangen
ist? Irgendwann habe ich angefangen, Improvisationstheater zu spielen. Das war eine richtige Offenbarung: Je mehr ich den Perfektionsanspruch, immer das Richtige zu sagen, losließ, umso entspannter
wurde ich. Ich stellte fest, dass ich auf der Bühne keine Schwierigkeiten hatte, einen Aufhänger für das Gespräch zu finden. (Kommt

Ihnen das nicht aus der Geschichte mit der spontanen Präsentation bekannt vor?)

Außerdem bekam ich Rückmeldungen, dass ich die Gabe besitze, sofort Kontakt zu Menschen aufzubauen, nur mit meinen Augen, ohne zu sprechen. Wie bitte? Das hätte ich nun gar nicht gedacht – die Selbstverständlichkeitsfalle lässt grüßen. Und eine weitere Lektion war, aufzuhören, mich mit anderen Impro-Spielern zu vergleichen – jeder hat seine Stärken und seine eigene Art auf der Bühne. Ich habe mich immer mehr auf mich und meine Qualitäten besonnen. Natürlich ist dies nicht zuletzt meinen Impro-Lehrern zu verdanken, die mich immer wieder liebevoll auf meine Stärken hingewiesen und meine Potenziale herausgekitzelt haben! Solche Menschen sind sehr wichtig – dazu kommen wir später noch, wenn es um Mentoren geht.

Jetzt weiß ich, dass mir immer etwas einfällt, um ein Gespräch zu gestalten. Ich rede nicht übers Wetter, sondern nutze meine Beobachtungsgabe, um das Thema zu finden, das für mich und meinen Gesprächspartner interessant ist. Ich weiß, welche Fragen ich stellen kann, damit auch ein Fremder ins Erzählen kommt. Dann ist es für mich ein Leichtes, das, was diese Person sagt, aufzugreifen und eine nächste Frage zu stellen. So muss ich nicht groß über mich erzählen, was mir sehr entgegenkommt. Und der Gesprächspartner fühlt sich gut, weil er sich verstanden und interessant fühlt.

Da ich am eigenen Leib erlebt habe, welche Wunder Improvisationstheater wirkt, kann ich Ihnen nur wärmstens ans Herz legen, es auszuprobieren. Im Kapitel „Improvisieren lernen – 7 Regeln für mehr Sichtbarkeit" erfahren Sie mehr über die Prinzipien des Improvisationstheaters, gerade weil sie so nützlich im privaten und beruflichen Alltag sind – und unsere Eigen-Art auf unsere eigene Art so wunderbar zum Strahlen bringen.

Ihr Umfeld:
Bremser meiden, Mentoren suchen

Unser Umfeld hat eine große Auswirkung auf uns, auch wenn es uns manchmal nicht so richtig bewusst ist. Mit Umfeld sind natürlich nicht nur Familie und Freunde gemeint, sondern alle, mit denen wir regelmäßig zu tun haben. Das können Arbeitskollegen, Bekannte und Fußballkameraden sein. Also all die Menschen, mit denen wir in Berührung kommen und die uns mal mehr, mal weniger beeinflussen. Manche mit Worten, andere mit ihrem Verhalten. So reicht schon ein Blick oder eine Geste von einer bestimmten Person, um uns zu Neuem zu ermutigen oder uns in Selbstzweifel zu stürzen.

Eltern, Kinder, Partner, Kollegen, Freunde, Bekannte, Vorgesetzte – alle diese Menschen übernehmen wichtige Aufgaben für uns. Im Positiven wie im Negativen: Die einen unterstützen uns bei unseren Vorhaben und geben uns Rückendeckung. Die anderen kosten Kraft und reden uns ein schlechtes Gewissen ein.

Gerade in Phasen der persönlichen Veränderung spielt unsere Umgebung eine besondere Rolle. So auch jetzt, da Sie sich entschieden haben, an Ihrer Sichtbarkeit zu arbeiten. Denn in solchen wichtigen Momenten, wenn man selbst noch am Zweifeln und noch dabei ist, nach dem richtigen Weg zu suchen, kann schon ein kleiner „Windstoß" eine dramatische Wirkung haben, und das sowohl in die positive als auch in die negative Richtung. Ihre Sichtbarkeit ist ein zartes Pflänzchen. Es gibt Menschen, die dieses Pflänzchen gießen und düngen werden, die dafür sorgen, dass immer genug Licht und Schatten da ist, damit es wachsen und gedeihen kann. Es gibt aber andere Menschen, die auf das Pflänzchen treten werden, die es völlig übergießen oder vertrocknen lassen. Ob das bewusst oder unbewusst geschieht, ist hier nicht von Belang. Es ist vielmehr wichtig für Sie, zu unterscheiden, wer zu welcher Art von Mensch gehört und wie Sie sich diesem Menschen gegenüber verhalten können, damit Ihr zartes Pflänzchen nicht zugrunde geht, bevor es richtig zum Wachstum kam.

Wir können natürlich jetzt nicht Ihr gesamtes Umfeld beleuchten. Darum machen wir das jetzt exemplarisch an einer bestimmten Situation:

ÜBUNG

Suchen Sie sich bitte eine ganz konkrete Situation im privaten oder beruflichen Bereich, die so oder ähnlich immer wieder auftritt und in der Sie sich mehr Sichtbarkeit wünschen. Das kann Ihr jährliches Beurteilungsgespräch mit Ihrem Vorgesetzten sein oder das alljährliche Sommerfest bei Ihren (Schwieger-)Eltern.

Wichtig ist, dass Sie in dieser Situation das Gefühl haben, Sie würden gern mehr aus der Deckung kommen und endlich präsenter sein. Vielleicht sogar auch mal über Ihre über das Jahr angesammelten Erfolge berichten, statt wie gewohnt nur den Geschichten anderer zu lauschen. Und auch wenn Sie jetzt denken, dass Sie keine passende Situation haben, dann nehmen Sie die, die halbwegs oder auch nur ein ganz kleines bisschen passt.

Haben Sie sich für eine Situation entschieden? Wunderbar! Dann können wir loslegen. Wir schauen uns die Personen an, die Sie in dieser Situation umgeben, wobei wir sie in Bremser und Mentoren einteilen.

Identifizieren Sie Ihre Bremser

Bremser sind Menschen in unserem Umfeld, die uns scheinbar unabsichtlich vor jedem Versuch einer Veränderung bewahren. Dabei übernehmen sie letztlich die Aufgabe, unsere eigenen inneren Barrieren und Bedenken zu bestätigen. Ja, Sie lesen richtig! Man kann ihnen somit nicht wirklich einen Vorwurf machen. Denn bis auf wenige Ausnahmen, die uns mit Absicht Böses wollen, tun die meisten nichts anderes, als einfach nur ihre eigene Art, mit den Veränderungen umzugehen, auf uns zu projizieren. Und ganz egal, in welcher Form es Ihnen gelingt, uns von den geplanten Veränderungen abzuhalten – wir haben uns selbst dafür entschieden, uns abhalten zu lassen. Also gilt es die Verantwortung dafür zu übernehmen, ob und wie wir reagieren, statt die Verantwortung für uns selbst auf andere abzuwälzen.

Ich habe drei Gruppen von Bremsern ausgemacht, die immer wieder in verschiedenen Gestalten auftauchen:
- die Zweifler und Angsthasen
- die falschen Helfer und gut meinenden Bewahrer
- die Verhinderer und Einschüchterer

MERKSATZ

Unser Umfeld kann uns nur beeinflussen, wenn wir uns beeinflussen lassen.

Zweifler und Angsthasen
Motto: „Bist du dir wirklich sicher?"
Diese Menschen tun sich schwer mit Neuem. Lieber bleiben sie in ihren bewährten Strukturen. Sie zweifeln sich selbst und andere an, stellen alles infrage und haben eine spürbare Angst vor Veränderungen. Darum verbreiten sie Zweifel und Unsicherheit. Doch natürlich hat das nur dann die Chance, bei Ihnen auf fruchtbaren Boden zu fallen, wenn der andere das ausspricht, was Sie selbst, manchmal nur im Geheimen, denken.

Wie kann man Zweifler und Angsthasen identifizieren? Sie jammern viel über Umstände und andere Leute, doch wenn es darum geht, die Situation zu ändern, dann haben sie tausend Einwände, warum es ausgerechnet bei ihnen und gerade jetzt nicht geht. Sie malen die schlimmsten Ängste und Katastrophen aus, was alles passieren kann, wenn man den Status quo ändern würde. Sie fühlen sich als Opfer der Umstände oder anderer Menschen.

Eine weitere Möglichkeit, einen Angsthasen zu erkennen, ist das eigene Verhalten nach einer Begegnung mit einem solchen Menschen.
- Wenn Sie selbst auf einmal ins Jammern und Klagen verfallen;
- wenn Sie zu jedem Ihrer neuen Vorhaben oder einer neuen Idee plötzlich anfangen Schreckensszenarien auszumalen;
- wenn Sie nach dem Gespräch mit ihm plötzlich alles anzweifeln, was Sie sich vorher schon genau überlegt haben;
- wenn Sie auf einmal von Selbstzweifeln geplagt werden und das Gefühl haben, alles würde zu Bruch gehen, wenn Sie auch nur das Geringste an Ihrem jetzigen Zustand ändern;
- wenn Sie sich ganz komisch als Opfer der Umstände fühlen

... dann können Sie sicher sein: Sie lassen sich gerade von einem Angsthasen oder Zweifler beeinflussen.

ÜBUNG

Jetzt denken Sie an die von Ihnen ausgewählte Situation, in der Sie sichtbarer werden wollen. Haben Sie sich beim Lesen an jemanden erinnert, der bei dieser Sache genau so eine Wirkung auf Sie hat? Schreiben Sie seinen oder ihren Namen auf – es können natürlich auch mehrere sein – und skizzieren Sie für sich in aussagekräftigen Stichpunkten, wie sich diese Person verhält und was sie Ihnen vermittelt.

Falsche Helfer und gut meinende Bewahrer

Motto: „Schuster, bleib bei deinen Leisten!"

Diese Spezies meint es wirklich gut mit einem. Meist kommen sie mit handfesten Ratschlägen, die sehr erwachsen und vernünftig klingen. Sie denken und handeln selbst in einfachen, bodenständigen Alternativen und halten gar nichts von Träumereien. Sie hinterfragen alle neuen Vorhaben ganz nüchtern, emotionale Beweggründe sind ihnen suspekt. Solide und sachlich erklären sie: „Konzentrier dich besser darauf, das Erreichte zu bewahren. Alles andere ist unrealistisch und Zeitverschwendung. Überlass das Leuten, die es können. Deine Qualitäten liegen nun mal ganz woanders. Mach dich nicht lächerlich."

Man erkennt solche Menschen daran, dass sie fast wie konservative Eltern auftreten: Gut meinend und bodenständig tun sie neue Vorhaben und Pläne als Humbug ab. Sie kommen mit Sprüchen daher wie „Lieber den Spatz in der Hand als die Taube auf dem Dach".

An sich selbst erkennt man ihren Einfluss daran, dass man plötzlich anfängt sich zu fragen: „Ja, warum will ich mich oder mein Leben überhaupt ändern?" Auf einmal erscheinen alle Pläne lächerlich und abgehoben. Bequemlichkeit und Selbstzufriedenheit macht sich breit – was an sich ja gut sein kann, nur eben dann nicht, wenn es gar nicht von Ihnen selbst ausgeht und nur eine momentane Erscheinung ist.

> **ÜBUNG**
>
> Jetzt denken Sie an die von Ihnen ausgewählte Situation, in der Sie sichtbarer werden wollen. Haben Sie sich beim Lesen an jemanden erinnert, der diese Wirkung auf Sie hat? Ist es einer oder sind es mehrere Personen in dieser konkreten Situation? Notieren Sie wieder den beziehungsweise die Namen und schreiben Sie auf, wie sich die Personen dann genau verhalten und zu Ihrem Vorhaben stehen werden.

Verhinderer und Einschüchterer

Motto: „Aha, interessant – und du traust dir das zu?"

Im Beisein dieser Menschen wird einem leicht bang: Man weiß, dass sie alles sehr kritisch beäugen und hinterfragen. Die Sache beziehungsweise die Neuerung an sich spielt keine große Rolle – sie zersetzen mit ihrer oft scharfen Kritik jedes Thema. Im Vergleich zu ihnen kommt man sich klein vor. Es gibt zwei Sorten:

- die, die selbst schon vieles erreicht haben und einen fast schon zu sehr beeindrucken: „Das könnte ich nie!"
- die, die selbst nichts Großartiges erreicht haben, es aber immer wieder mit ihrer überbordenden Selbstsicherheit schaffen, dass man sich daneben mickrig fühlt

Beide hören nicht richtig zu, wenn man etwas über sich erzählen will, unterbrechen und erzählen von ihren eigenen Erfolgen, so, dass die gewaltig erscheinen. „Und du willst also jetzt …? Und was soll das bringen?" Sie erdrücken einen mit Hochstatus, sodass man in ihrer Gegenwart sofort zu schrumpfen beginnt (mehr zum Thema Status im Kapitel „Status nutzen für mehr Präsenz").

An sich selbst merkt man besonders, dass man sich in Gegenwart solcher Personen unwohl fühlt und sich irgendwie wertlos vorkommt. Im Nachhinein wird ihr Einfluss an einem total geschrumpften Selbstbewusstsein spürbar und daran, dass man sich mit allem, was man vorhat, auf einmal sehr lächerlich vorkommt.

ÜBUNG

Haben Sie solche Menschen in Ihrem Umfeld, wenn Sie an die von Ihnen ausgewählte Situation denken? Wenn ja, dann machen Sie sich wieder einzeln einige konkrete Gedanken, wer genau das ist und wie sich die jeweilige Person typischerweise verhält.

So schützen Sie sich vor Bremsern

Wie Sie sehen, können solche Menschen einen verheerenden Einfluss auf Sie und Ihre Ziele haben – jeder auf seine eigene Art. Darum ist es zuerst einmal wichtig, die Bremser in Ihrem Umfeld als solche zu erkennen. Nur wenn Sie erkennen, wer welchen Einfluss auf Sie hat, können Sie sich entsprechend verhalten. Dann können Sie sich vor unguten, schädigenden Einflüssen schützen und gezielt die Unterstützer in Ihrem Umfeld nutzen.

Darum ist es auch so sinnvoll, anhand von konkreten Anliegen zu überprüfen, welche Menschen Ihres Umfelds Ihnen gerade in Bezug auf dieses Ziel wichtiger werden. Manche haben einen generellen Einfluss, z. B. die engere Familie. Wer mit einem ängstlichen Ehepartner verheiratet ist, der total sicherheitsbedürftig ist, der weiß: Von hier kommt eher Zurückhaltung, die Ermahnung zur Besonnenheit oder ein „Lassen wir alles so, wie es ist". Wenn Sie das wissen, können Sie es entsprechend einordnen, weil Sie es nicht mehr einfach als Demotivation oder mangelnde Unterstützung begreifen.

Bei anderen Zielen haben wir jedoch sehr viel mit unterschiedlichen Menschen zu tun, die wir oft persönlich nicht mal näher kennen. Es ist also wichtig, je nach Ziel immer wieder auszuloten, aus welchem „Stoff" Ihr Umfeld gemacht ist.

Nun heißt es mit schädlichen Bremsern umzugehen, um sich nicht den Wind aus den Segeln nehmen zu lassen. Dafür habe ich aus persönlicher Erfahrung ein wirkungsvolles Instrument entwickelt: die Bremslöser-Formel (siehe folgende Seite).

DIE BREMSLÖSER-FORMEL

1. **Halten Sie den Mund.** Sprechen Sie mit schädlichen Bremsern nur über Unverfängliches, was mit Ihnen persönlich nichts zu tun hat. Sprechen Sie schon gar nicht über Ihre Pläne und Dinge, die noch relativ neu sind. Denn da ist man meist noch nicht hundertprozentig sicher, sodass Bremser einen ganz schnell ins Schwanken bringen können. Am besten eignen sich Fragen, damit die Bremser ins Erzählen kommen und mit ihren eigenen Themen beschäftigt sind.

2. **Lassen Sie die Ohren zu.** Ich habe mit der Zeit zuzuhören gelernt, ohne dass ich das, was solche Menschen sagen, richtig in mich aufnehme. Das ist dann möglich, wenn man sich vorher schon mental auf sie vorbereitet hat, indem man sich eine Glaswand zwischen der Person und sich selbst vorstellt. Dann hört man zwar, was sie sagt, und nickt freundlich, aber die imaginäre Glaswand lässt die im Inhalt mitgesendeten Emotionen nicht durch – das ist sehr wirkungsvoll. Probieren Sie es aus!

3. **Gehen Sie auf Abstand.** Versuchen Sie sich so wenig wie möglich mit solchen Menschen zu umgeben. Wenn das komplette Fernhalten nicht funktioniert, kürzen Sie Gespräche so gut es geht ab. Das reduziert den Einfluss.

4. **Halten Sie ein Stoppschild hoch.** Wenn alles nichts bringt und Sie die Person nicht davon abhalten können, sich an Ihnen und Ihren Themen zu schaffen zu machen, sagen Sie, dass Sie das Thema wechseln wollen, ohne es weiter zu begründen. Dann stellen Sie wieder Fragen zu der betreffenden Person: „Was ich viel lieber erfahren würde …" Dabei holen Sie schnell wieder die Glaswand hervor, hören zu und nicken freundlich, ohne das Gesagte an sich heranzulassen.

Vielleicht denken Sie jetzt, dass Ihnen diese Art des Umgangs nicht behagt. Doch behagt Ihnen der Einfluss, den solche Menschen auf Sie haben?

Finden Sie Mentoren

Mentoren sind Menschen in unserem Umfeld, die durch ihre pure Anwesenheit das Gute und Mutige in uns zum Klingen bringen. Dabei übernehmen sie letztlich die Aufgabe, unsere eigenen inneren kreativen und veränderungswilligen Seiten zu bestätigen. Es sind lebensbejahende Menschen, die immer ein offenes Ohr haben und in deren Gegenwart man sich richtig gut fühlt. Deswegen ist es gerade in Zeiten der Veränderungen und persönlichen Entwicklungen besonders wichtig, aktiv deren Gesellschaft zu suchen.

Ich habe drei Gruppen von Mentoren ausgemacht, die immer wieder in verschiedenen Gestalten auftauchen:
- die Unterstützer und Motivatoren
- die Feedback-Geber und Wegbegleiter
- die Erfahrungsteiler und Kontakte-Vermittler

Es ist für Ihre zukünftige Entwicklung wichtig, Mentoren zu erkennen und eine effektive Art zu finden, sich deren Unterstützung zu sichern.

Unterstützer und Motivatoren

Motto: „Du schaffst es, ich bin bei dir und stärke dir den Rücken."
Diese Menschen sind wie ein Balsam für die Seele, sie sind sehr offen und haben ein aufrichtiges Interesse an anderen: an dem, was sie bewegt und was sie zu berichten haben. Sie äußern keine Kritik. Vielmehr bringen sie ihre Gesprächspartner durch gezielte Fragen dazu, dass während des Erzählens neue Pläne immer konkretere Formen annehmen. Sie machen dem anderen klar, dass sie jederzeit bereit sind, ihn zu unterstützen, ganz egal was er vorhat, und bewundern seinen Mut. Die Unterstützung ist dabei weniger durch Handeln oder konkrete Ratschläge gekennzeichnet, sondern vielmehr geht es in erster Linie um mentale Unterstützung – sie erklären sich bereit, ihrem Gesprächspartner den Rücken zu stärken.

In ihrer Gegenwart fühlt man sich rundum angenommen. Auch im Nachhinein merkt man, dass die eigene Kreativität durch diesen positiven Einfluss so richtig angeheizt wurde – die Ideen sprudeln nur so und neue Vorhaben erscheinen möglich und umsetzbar. Auch das bereits Erreichte sieht man in einem tollen Licht: Man fühlt sich einfach gut!

ÜBUNG

Kommen wir zurück zu der von Ihnen ausgewählten Situation, in der Sie sichtbarer werden möchten: Gibt es in Ihrem Umfeld bereits Unterstützer und Motivatoren? Notieren Sie sich wieder, wer das sein könnte, wie diese Person so ist beziehungsweise welchen Einfluss ihre Art auf Sie hat.

Feedbackgeber und Wegbegleiter

Motto: „Ich stehe dir als ehrlicher Feedbackgeber mit Rat zur Seite." Diese Menschen fordern uns heraus. Sie hinterfragen uns und unsere Vorhaben auf eine konstruktive Art und Weise. Sie geben Feedback und halten mit ihrer Meinung nie hinterm Berg, jedoch dürfen sie nicht mit Bremsern verwechselt werden! Sie unterscheiden sich dadurch, dass man bei ihnen sofort merkt: Sie interessieren sich wirklich für einen und für das, was man zu sagen hat. Das merkt man unter anderem daran, dass sie die Situationen oder Pläne, von den man berichtet, gut analysieren und auch begründen können, warum etwas noch nicht so klappt, wie es sollte. Doch dabei bleibt es nicht: Diese Menschen wissen, was besser wäre. Sie machen sich sofort Gedanken darüber und geben all ihr Wissen dazu. Man kann sich jederzeit an sie wenden, wenn man mal einen Rat braucht.

An sich selbst merkt man die Gegenwart solcher Menschen daran, dass man auf eine konstruktive Art seine Vorhaben hinterfragt und in Handlungsalternativen denkt. Das ist nämlich der Unterschied zu den

Bremsern, da würde man alles kleinmachen. Hier geht es darum, dass man realistisch in konkreten Zielen und Umsetzungsschritten denkt.

ÜBUNG

Forschen Sie jetzt, ob es zu der von Ihnen gewählten Situation für mehr Sichtbarkeit solche Feedbackgeber und Wegbegleiter gibt. Notieren Sie wieder spezifische Details. Wer könnte Ihnen wie nützen?

Erfahrungsteiler und Kontakte-Vermittler

Motto: „Ich kenne diesen Weg und teile mit dir meine Erfahrungen und Kontakte."

Diese Menschen wissen, wovon sie reden. Sie geizen nicht mit Berichten über ihre Erfahrungen und auch Fehler, die sie selbst gemacht haben. Ihre Lernerfahrungen daraus geben sie bereitwillig weiter und man weiß, dass sie einen nicht im Stich lassen werden.

Oft kennen diese Personen Gott und die Welt und sind jederzeit bereit, Sie mit den für Ihre nächsten Schritte wichtigen Leuten zusammenzubringen.

In ihrer Gegenwart hat man das Gefühl, man habe einen riesigen Wissensschatz zur Verfügung, aus dem man beliebig schöpfen kann. Auch ist man auf einmal in der Lage, mögliche Denkfehler klar zu erkennen, und hat Alternativen vor Augen.

ÜBUNG

Gibt es in Bezug auf das von Ihnen gewählte Sichtbarkeitsziel bereits solche Erfahrungsteiler in Ihrem Umfeld? Notieren Sie die Namen und wie Ihnen diese Personen konkret nützen können.

Mentoren gesucht!

Wenn Sie die passenden Mentoren identifiziert haben, dann sorgen Sie dafür, dass Sie sich in ihrer Nähe aufhalten und Gespräche mit ihnen führen. Denn wie Sie sehen, können solche Menschen einen unschätzbaren Wert für Sie und Ihre Sichtbarkeit haben. Zumindest ist es wesentlich angenehmer und hilfreicher, Mentoren um sich zu haben als Bremser.

Wenn Ihnen nicht sofort jemand einfällt, dann werden Sie sich wohl erst auf die Suche machen müssen. Das Wichtigste ist dabei, die Mentoren und deren Qualitäten zu erkennen. Woran Sie sie erkennen, wissen Sie ja jetzt.

Nun müssen Sie sich nur noch ihre Unterstützung sichern. Dafür habe ich wieder ein hilfreiches Instrument für Sie entwickelt: die Mentorensuch-Formel (siehe rechte Seite).

Bitte machen Sie sich diese Art der Suche nicht selbst madig, indem Sie denken: „Und was hat er/sie davon? Warum soll er/sie sich darauf einlassen?" Solche unterstützenden Menschen freuen sich, denn Mentoren können ihre Mentorenqualitäten erst ausleben, wenn sie Mentees haben. Oft ist es ihnen bis dato gar nicht klar, dass sie diese Fähigkeiten besitzen – auch Mentoren können in der Selbstverständlichkeitsfalle sitzen.

MERKSATZ

Nicht verzagen, einen Mentor fragen!

DIE DREISTUFIGE MENTORENSUCH-FORMEL

1. **Augen aufmachen.** Uns Leisen wird nachgesagt, dass wir richtig gut beobachten können, und genau das tun Sie nun. Beobachten Sie die Menschen in Ihrer Umgebung: Wer hat Unterstützer-Qualitäten? Wichtig: Es geht hier nicht darum, jemanden zu finden, der Ihnen meilenweit voraus ist. Achten Sie also bitte nicht nur auf Berühmtheiten oder besonders erfolgreiche Menschen. Es ist viel wichtiger zu erkennen, wer die beschriebenen Mentoren-Fähigkeiten hat, und seien sie noch so dezent. Hauptsache, diese Person hat einen guten Einfluss auf Sie!

2. **Ohren aufmachen.** Haben Sie jemanden ausgemacht, der sich auf den ersten Blick zum Mentor eignet, suchen Sie seine Nähe und hören Sie bei den Gesprächen zu. Auch diese Stufe passt wunderbar zu Ihrer leisen Art – zuhören liegt Ihnen. Wie fühlen Sie sich bei dem, was Sie so hören? Fühlen Sie sich motiviert? Können Sie aus den berichteten Erfahrungen bereits lernen, obwohl sie noch gar nicht auf Sie persönlich gemünzt sind? Haben Sie das Bedürfnis zu erfahren, was die Person, die nach einem Mentor aussieht, zu Ihren Vorhaben zu sagen hat? Glauben Sie, Sie werden von den Gesprächen mit dieser Person profitieren und sich gut dabei fühlen? Wenn das der Fall ist, dann ist es Zeit, aktiv zu werden:

3. **Mund aufmachen.** Ich weiß, Sie schlucken vielleicht jetzt. Dabei ist es gar nicht schlimm. Denn Sie können sicher sein, dass Sie sich in der Gegenwart dieser Person gut fühlen werden. Sprechen Sie den Betreffenden an. Berichten Sie darüber, was Sie gerade beschäftigt und dass Sie auf der Suche nach einem Mentor sind. Sagen Sie demjenigen, dass Sie überzeugt sind, dass er wichtige Mentorenqualitäten mitbringt, und wie Sie sich die Unterstützung vorstellen: z. B. in Form von Zuspruch, ehrlichem Feedback oder Lernerfahrungen. Mit anderen Worten: Sie machen ein Angebot, dass Sie sein Mentee sein wollen.

EIN STARKES INNERES LEITBILD ALS FUNDAMENT

Jetzt arbeiten wir an Ihrer Selbstakzeptanz. Dafür nehmen wir Ihre Stärken, Schwächen, Erfolge und Misserfolge unter die Lupe und bestimmen, welcher Persönlichkeitstyp Sie sind. Sie entwickeln ein eigenes Sichtbarkeits-Leitbild, das Sie bei allen weiteren Schritten wie ein Fixstern begleiten wird.

Die meisten Menschen, die mich nicht so gut kennen, finden es komisch, dass ich mich zu den Introvertierten zähle. Das wundert mich nicht, denn ich habe es lange Zeit selbst nicht geahnt. Sie müssen wissen, dass ich aus einer reinen Intro-Familie komme: Meine Eltern wie auch mein Bruder sind sehr leise Menschen. Im Vergleich dazu war ich schon immer wesentlich offener und kontaktfreudiger. Dennoch fühlte ich mich unter Extrovertierten schon immer schnell überfordert und wollte dann nur noch weg. Ich habe mich immer gefragt, wieso wir in der Familie derart ähnliche Bedürfnisse und Merkmale haben, besonders was die Ruhebedürftigkeit und die Zurückhaltung gegenüber anderen Menschen angeht, und ich gleichzeitig so anders bin als mein Vater und mein Bruder, die sich in vielem so ähnlich sind, und meine Mutter noch mal ganz anders ist.

Welcher Persönlichkeitstyp sind Sie?

Im Rahmen meiner NLP-Ausbildung habe ich das Modell der Persönlichkeitstypen nach Dietmar Friedmanns „Psychographie" kennengelernt. Plötzlich war mir alles klar! Friedmann unterscheidet drei Bereiche der Persönlichkeit – Erkenntnis, Beziehung und Handlung. Jeder Mensch hat Anteile davon, aber einen klar ausgeprägten Schwerpunkt, der im Wesentlichen seine feststehenden Persönlichkeitseigenschaften bestimmt:

1. Der Erkenntnistyp: Er ist besonders stark in Denken und Logik.
2. Der Beziehungstyp: Er ist besonders stark im Fühlen und Wahrnehmen.
3. Der Handlungstyp: Er ist besonders stark darin, aktiv zu werden.

Leise Menschen findet man in allen drei Typen. Die Persönlichkeitstypologie gibt Ihnen eine Erklärung dafür, warum auch leise Menschen so unterschiedlich sind, obwohl sie häufig in einen Topf geworfen werden oder Stempel aufgedrückt bekommen, die ihnen oft gar nicht entsprechen.

Jeder Persönlichkeitstyp hat eigene Stärken und Herausforderungen. Alle haben eines gemein: Sie streben meistens in bestimmte Richtungen. Denn wir streben oft nach dem, was wir nicht haben – und nutzen dabei viel zu selten, was schon da ist. Wie wir schon bei den Barrieren im ersten Kapitel gesehen haben, sabotieren wir uns damit selbst. Die Kunst liegt darin, beides zu verbinden: das, was wir von Haus aus mitbringen, und das, was wir neu erobert haben – die Mischung bringt uns wirklich weiter.

Wichtig Dieses Persönlichkeitsmodell ist natürlich eine komplexe Angelegenheit. Darum sind die Beschreibungen der einzelnen Typen hier nur ein verdichteter Abriss der wichtigsten Merkmale. Da zudem jeder von uns Anteile aus allen Typen in sich trägt, finden Sie sich wahrscheinlich in zwei oder sogar in drei Typen wieder. Wenn Sie sicher herausfinden möchten, welcher Schwerpunkttyp Sie sind, können Sie auf meiner Website einen Test herunterladen: www.natalieschnack.de/typentest.pdf

Welcher Persönlichkeitstyp Sie sind, hat großen Einfluss darauf, wie Sie Ihrer Persönlichkeit gemäß Ihre Sichtbarkeit leben können.

MERKSATZ

Leise Menschen sind sehr unterschiedlich. Deshalb findet man sie in allen drei Typen.

Der Erkenntnistyp

Typische Merkmale

Erkenntnistypen sind in der Welt des Denkens und der Logik unterwegs. Sie beschäftigen sich viel und gern mit globalen und philosophischen Fragen des Lebens. Sie vertiefen sich gerne in ihre Gedankenwelt und neigen zum Grübeln.

Sie können sich sehr auf eine Sache fokussieren, wollen Dinge im Detail durchdringen. Dabei haben sie kein Problem, auch mal nachzufragen. Denn sie verschwenden keinen Gedanken daran, nicht als klug genug angesehen zu werden.

Erkenntnistypen werden meistens für die „typischen" Introvertierten gehalten, denn sie sind oft Einzelgänger und sich selbst genug. Dabei sind sie ausgeglichene Zeitgenossen und lassen sich nicht so schnell aus der Reserve locken. Sie sind eher sparsam mit Mimik und Gestik, manche sprechen langsam, weil sie erst überlegen, was sie sagen.

Ihre besonderen Stärken kommen bei allem zum Tragen, was mit Logik zu tun hat. Sie denken in Konzepten, schaffen immer eine klare Struktur, ihre Pläne sind sehr durchdacht und berücksichtigen alle Eventualitäten, inklusive Kosten-Nutzen-Analysen. Besonders da, wo Detailtreue, tiefes Fachwissen, Kleinteiligkeit und Exaktheit gefordert sind, sind sie an der richtigen Stelle. Denn sie können sich über einen langen Zeitraum auf ein Thema fokussieren.

Sie sind zögerlich bei Neuem, sie mögen sich nicht so recht entscheiden. Häufig geben sie Antworten, in denen „vielleicht", „sowohl als auch" und „eventuell" vorkommt. Ihre Gedanken und Konzepte haben sie gut im Griff, wenn es aber um die Umsetzung geht, zeigen sie sich risikoscheu. Oft verharren sie im Durchdenken, bevor sie überhaupt ins Handeln kommen. Deswegen werden sie manchmal auch als schwerfällig und langsam wahrgenommen. Dabei ist für sie sehr wichtig, Entscheidungen selbst zu treffen, ganz egal wie lange es dauert. Wer versucht, sie zu Eile und spontanen Entscheidungen zu drängen, riskiert, dass sie auf stur schalten.

Sie neigen dazu, das große Ganze aus dem Blick zu verlieren, und können sich daher endlos immer tiefer mit Dingen beschäftigen, in die sie eingetaucht sind.

Sie sind durchaus in der Lage, über Jahre hinweg Schritt für Schritt auf langfristige Ziele hinzuarbeiten, wenn Sie sich dafür wirklich entschieden haben.

Umgang mit anderen

Im Umgang mit anderen Menschen sind Erkenntnistypen vorsichtig und zurückhaltend. Sie mögen es sachlich und schnörkellos, dadurch wirken Sie oft unsensibel. Gefühlsausbrüche sind ihnen suspekt. Sie sind geduldige Zuhörer, da sie sehr rücksichtsvoll und ausdauernd sind. Ungeduldig werden sie dann, wenn sie das Gefühl haben, dass ihre wertvolle Zeit vergeudet wird. Das ist dann der Fall, wo es um Belanglosigkeiten geht oder Dinge, die sie nicht interessieren: Gepränkel, Lästereien und sonstige Geschichten über Beziehungen.

In ihren Beziehungen sind sie treu, geduldig und haben viel Verständnis für ihre Freunde und Partner. Nein sagen fällt ihnen schwer. Auch hier zeigt sich ihre Geduld und Ausdauer. Beziehungen zu beenden, die ihnen nicht guttun, fällt ihnen besonders schwer.

Oft sind sie still und ruhig. Wenn sie sich allerdings in einem bekannten Umfeld befinden und sich wohlfühlen, werden sie zu richtigen Plaudertaschen, vor allem, wenn sie auf Interesse an ihren Lieblingsthemen stoßen.

Sie reagieren sensibel, wenn sie den Eindruck gewinnen, dass sie so, wie sie sind, nicht angenommen werden. Dann fühlen sie sich ungerecht behandelt, als Opfer und ziehen sich zurück. Statt das, was ihnen nicht gefällt, auszusprechen und einen Konflikt zu riskieren, fressen sie es lieber in sich rein und leiden heimlich.

Erkenntnistypen scheuen oft Neues und Unbekanntes und brauchen eine lange Eingewöhnungszeit, bevor sie mit fremden Menschen warm werden können.

MERKSATZ

Für Erkenntnistypen ist es wichtig, in Bewegung zu kommen und Verantwortung für das eigene Leben zu übernehmen.

Der Beziehungstyp

Typische Merkmale

Beziehungstypen sind in der Welt der zwischenmenschlichen Beziehungen, Gefühle und Wahrnehmungen unterwegs. Sie leben in der Gegenwart, im Hier und Jetzt, und werden stark von ihren Emotionen beeinflusst. Beziehungstypen sind wandlungsfähig und in der Lage, sich an verschiedene Situationen, Menschen und Anforderungen anzupassen. Sie sind geborene Schauspieler, haben eine ausgeprägte Mimik und Gestik. Deswegen ist es auch so schwer, die Introvertierten unter ihnen zu erkennen.

Ihre Kompetenzen liegen ganz klar im Umgang mit anderen Menschen, darin, sich in andere Menschen reinzudenken und einzufühlen, sowie im Aufbau von intensiven Beziehungen. So sind sie gut darin, Menschen zusammenzubringen, und sind oft das Bindeglied zwischen den anderen.

Überall da, wo überblickartiges Wissen über viele Bereiche hinweg gefordert ist, sind sie an der richtigen Stelle, denn sie können gut Fäden zusammenfügen. Sie stehen für das große Ganze, nicht so sehr für Details. Auch wenn viele neue kreative Ideen gebraucht werden, sind Beziehungstypen gefragt.

Beziehungstypen haben oft Angst, als dumm oder inkompetent zu erscheinen. Auch normale Gespräche erleben sie oft als eine Prüfungssituation, was sie extrem stresst.

Sie haben oft das Gefühl, zu wenig Zeit zu haben, was in Aktionismus und Hektik ausarten kann. Sie handeln lieber gleich, mit langfristigen Zielen kann man sie nur schwer motivieren. Am besten kommen sie klar, wenn sie gute Planer an ihrer Seite haben, die sie mit kurzfristigen Zielen gut bei der Stange halten können.

Beziehungstypen sind Spontanentscheider, ändern allerdings häufig schon nach kurzer Zeit Ihre Entscheidungen. Sie sind kreativ und haben viele tolle Ideen, fangen gerne neue Dinge an, ohne dass sie das Durchhaltevermögen haben, sie zu Ende zu denken oder zu bringen. Sie sind leicht zu begeistern und stecken andere mit ihrer Begeisterung an. Wenn etwas zu lange dauert, werden sie schnell ungeduldig und schmeißen unter Umständen hin.

Mit ihrer Ja-Haltung neigen sie zu einer positiven Lebenseinstellung, mögen es bunt und vielfältig, sind humorvoll und verspielt.

Beziehungstypen legen Wert auf gute Außenwirkung. Mit der Ordnung nehmen sie es nicht so genau, auch wenn sie kein Chaos mögen.

Umgang mit anderen

Der Beziehungstyp hat eine gute Menschenkenntnis. Er ist sehr empathisch und es fällt ihm leicht, nachzuvollziehen, was in anderen Menschen vorgeht. Manchmal merken Beziehungstypen noch vor dem Betroffenen selbst, dass etwas nicht in Ordnung ist. Die Zusammenhänge und Beziehungsgeflechte erkennen sie ganz intuitiv.

Sie sind feinfühlig und sensibel und beziehen die Reaktionen anderer Menschen auf sich selbst. Sie hören sozusagen das Gras wachsen.

Wenn sie das Gefühl haben, abgelehnt zu werden, reagieren sie gern dramatisch – nicht umsonst haben sie oft den Ruf einer „Drama-Queen": Es kann tränenreich oder aggressiv, aber sehr wahrscheinlich theatralisch werden.

Da ihnen Liebe und Sympathie anderer sehr wichtig sind, vergleichen sie sich viel mit ihren Mitmenschen und neigen dazu, sich so zu verhalten, wie sie denken, dass es von ihnen erwartet wird.

> **MERKSATZ**
>
> Für Beziehungstypen ist es wichtig, sich und die eigenen Bedürfnisse nicht aus den Augen zu verlieren.

Der Handlungstyp

Typische Merkmale

Handlungstypen sind in der Welt der Ziele, Aktivitäten und Umsetzung unterwegs. Sie sind in die Zukunft orientiert. Sie sind nicht so die intellektuellen Denker, sie kommen lieber in Aktion, ohne lange zu reden oder zu grübeln. Es gibt kein Projekt, das sie nicht sofort in Schritte aufteilen und managen können.

Handlungstypen sind motivierte und kraftvolle Menschen, die deutlich zeigen, was sie können. Sie übernehmen gern Verantwortung und Aufgaben auch für andere. Sie haben einen starken Willen. Was sie anfangen, das bringen sie auch zu Ende, und zwar mit Leichtigkeit. Ihr Anblick lässt meist keine Zweifel an ihrer Entschlossenheit aufkommen: Sowohl ihre Mimik als auch Gestik und Sprechweise reden Klartext. Man merkt sofort, dass man es mit jemandem zu tun hat, der Verantwortung übernimmt und gern sagt, wo es langgeht. Sie wirken oft angespannt und sehr kontrolliert, es fällt Ihnen schwer, loszulassen. Die Introvertierten unter ihnen erkennt man daran, dass sie Dinge still erledigen und wenig reden.

Handlungstypen sind ziemlich konservativ und traditionsbewusst. Sie achten auf Recht und Ordnung, haben einen ausgeprägten Gerechtigkeitssinn und setzen sich gegen Unrecht und für Schwache ein. Sie scheuen sich nicht, sich ungefragt einzumischen, und geizen nicht mit Ratschlägen und sachdienlichen Hinweisen.

Handlungstypen haben meist praktisches Wissen und sind handwerklich geschickt. Sie gehen Dinge zielgerichtet und planvoll an und überlassen nichts dem Zufall. Was sie von sich geben, hat auf jeden Fall Hand und Fuß. Sie geraten nicht so schnell in Stress, denn sie planen ihre Zeit genau durch.

Sie sind ziel- und ergebnisorientiert, blühen da auf, wo Dinge organisiert, Ziele und Pläne ohne langes Gerede umgesetzt werden müssen. Das sind klassische Macher: fleißig, ordentlich, engagiert, verantwortungs- und pflichtbewusst. Handlungstypen sind prädestiniert für das Praktische und das gut Umsetzbare. Details interessieren sie nur insofern, als sie für die tatsächliche Umsetzung relevant sind. Sie sind sehr belastbar – wahre Arbeitstiere. Man kann sich darauf verlassen, dass sie Angefangenes zu einem erfolgreichen Ende bringen. Dabei sind sie auch sehr gut darin, andere Menschen zu führen, mit Aufgaben zu betrauen und die Ergebnisse zu kontrollieren, deswegen sind es oft gute Führungskräfte.

Umgang mit anderen

Handlungstypen sind grundsätzlich gern unter Menschen, insbesondere dann, wenn gemeinsame Aktivitäten im Vordergrund stehen. Deswegen bevorzugen sie Mannschaftssportarten. Sie engagieren sich auch gern in Vereinen und übernehmen gern auch unbeliebte zeitaufwendige Aufgaben.

Bei Handlungstypen ist der Umgang mit anderen im beruflichen und privaten Bereich sehr unterschiedlich. Im beruflichen Bereich können sie gut Nein sagen, sind stark, streitbar und durchsetzungsfähig. Bei Bedarf können sie auf den Tisch hauen, sind kantig und direkt und übernehmen gern die Führung. Dabei sind sie gute Teamplayer und handeln immer im Sinne des Kunden, des Unternehmens, der Abteilung. Mit emotionalen Themen und Ausbrüchen können sie nicht viel anfangen, im Gegenteil fühlen sie sich davon schnell überfordert und wiegeln ab.

Im privaten Bereich sind sie sehr auf Harmonie bedacht, sind diplomatisch und fair und leiden unter Disharmonie. Um tiefere Beziehungen aufzubauen oder aufrechtzuerhalten, übernehmen sie Verantwortung für andere und für das Gelingen von Vorhaben. Sie tun ständig etwas für Familie und Freunde, erwarten aber dafür auch uneingeschränkte Hingabe.

Auf Undankbarkeit und unfaire Angriffe reagieren sie besonders sensibel. Sie hassen Unordnung in allen möglichen Ausprägungen und wenn Dinge nicht nach (ihren) Regeln ablaufen. Mit verantwortungslosem Verhalten und Unzuverlässigkeit bringt man sie auf die Palme.

MERKSATZ

Für Handlungstypen ist es wichtig, loslassen zu lernen.

Ihre Stärken und Schwächen in puncto Sichtbarkeit

Haben Sie sich in einem oder mehr Persönlichkeitstypen wiedererkannt? Wenn Sie nicht sicher sind, wo Ihre deutliche Ausprägung liegt, machen Sie bitte den Test auf meiner Website: www.natalieschnack.de/typentest.pdf

Das Wissen, ob Sie schwerpunktmäßig ein Erkenntnis-, Beziehungs- oder Handlungstyp sind, nützt Ihnen enorm für Ihr leises, aber wirksames Selbstmarketing, und zwar auf vielfältige Weise:

- Sie erkennen, wo Ihre für andere überhaupt nicht selbstverständlichen wahren Stärken liegen.

- Sie können gezielt Ihre starken, angeborenen Qualitäten einsetzen und erkennen, welche Eigenschaften und Fähigkeiten Ihnen ganz besonders zum Erfolg verhelfen.
- Sie machen nicht mehr den typischen Fehler, sich umkrempeln zu wollen (wie der Delfin, der so gerne gut klettern würde).

Tatsächlich ist es so, dass wir uns ganz besonders um die Qualitäten in anderen Bereichen bemühen, um unsere Schwächen auszugleichen. Das ist super, denn jede weitere Qualität bereichert uns und macht uns vielseitiger. Nur wenn man damit übertreibt und die Qualitäten des eigenen Bereichs gar nicht sieht und wertschätzt, wird es problematisch (siehe Selbstverständlichkeitsfalle). Denn dann hält man nur die Stärken der anderen Typen für attraktiv, bemüht sich besonders um diese und gibt ihnen viel mehr Gewicht im Leben als den bereits vorhandenen. Diese Bestrebungen können so weit führen, dass man versucht, einen ganz anderen Eindruck von sich zu vermitteln. Auch hier hat Friedmann ein typisches Muster entdeckt:

Erkenntnistypen streben in den Bereich der Handlung.	Für Erkenntnistypen ist Selbstmotivation und Ins-Tun-Kommen am attraktivsten. Da sie Angst davor haben, als faul und erfolglos dazustehen, beschäftigen sie sich sehr viel mit Fragen der Ziele-Umsetzung und Aktivität. Es ist ihnen sehr wichtig, fleißig, agil und erfolgreich zu wirken.
Beziehungstypen streben in den Bereich der Erkenntnis.	Für Beziehungstypen ist das Denken und Wissen besonders attraktiv. Da sie Angst davor haben, als dumm und inkompetent zu erscheinen, investieren sie sehr viel in die Fähigkeiten des Erkenntnisbereichs und in ihre Bildung. Es ist ihnen wichtig, schlau und intellektuell zu wirken.
Handlungstypen streben in den Bereich der Beziehung.	Handlungstypen bemühen sich besonders um den Bereich der Beziehung. Da sie auf keinen Fall den Eindruck vermitteln wollen, sie wären unsensibel oder unsympathisch, strengen sie sich besonders an, andere Menschen zu verstehen, die Wahrnehmung für die eigene und fremde Gefühlswelt zu schärfen und rücksichtsvolle Beziehungspartner zu sein.

Jeder dieser drei Bereiche hat wesentliche Stärken, die für mehr Präsenz und Sichtbarkeit relevant sind. Darum ist es durchaus sinnvoll, etwaige Schwächen auszugleichen und sich sozusagen ein Scheibchen von einem anderen Bereich abzuschneiden. Das ist aber nur sinnvoll, wenn Sie ganz gezielt auf Ihren vorhandenen Stärken aufbauen. Es geht also weder darum, sich krampfhaft andere Verhaltensweisen anzueignen, noch danach zu streben, anders zu werden.

Denn in Ihrem Persönlichkeitsbereich liegen immer Ihre stärksten Stärken. Das sind und bleiben Ihre Hauptstärken, die Ihnen leichtfallen und die andere an Ihnen am meisten bewundern. Es sind gleichzeitig die Stärken, auf die Sie sich sogar in Zeiten größter Not jederzeit verlassen können – sie sind immer da!

Bevor wir uns die Kerneigenschaften der einzelnen Typen ansehen und eruieren, woran Sie sinnvollerweise arbeiten können, um Ihr Persönlichkeitsprofil zu ergänzen, schauen wir uns an, wie Sie Ihre Stärken und Schwächen ermitteln können.

MERKSATZ

Sie dürfen – und sollen – sich treu bleiben!

Stärken und Schwächen – was wirklich dahintersteckt

Für mehr Präsenz und Sichtbarkeit gilt ganz besonders: Was drinnen ist, kommt raus. Sie können hier im Buch noch so viele Tipps lesen, wie Sie andere auf leise Art von sich überzeugen: Wenn Sie innen drin unsicher sind oder glauben, dass Sie nicht besonders viel zu bieten haben, wird das natürlich durchkommen. Nicht nur, weil Sie auf ungute Weise zu zurückhaltend in eigener Sache sind, sondern auch, weil man Unsicherheit und Selbstzweifel bemerkt.

Hinzu kommt, dass uns unsere wahren Stärken total selbstverständlich vorkommen („Ist doch eh klar!", „Kann doch jeder!"). Und dass wir unseren Schwächen oft viel zu große Bedeutung zumessen. Vor allem, weil wir vieles unfairerweise als Schwäche abstempeln. Sie werden gleich staunen, was Sie alles auf dem Kasten haben und welche Stärken sich sogar in Ihren Schwächen offenbaren!

Ihre Stärken im Einsatz

In Bezug auf ihre Stärken sabotieren sich viele Menschen leider enorm selbst und tappen dadurch in die Selbstverständlichkeitsfalle. Kein Wunder! Denn die meisten von uns machen den Fehler, dass sie beim Stichwort Stärken anfangen, eine Liste an Eigenschaften oder Fähigkeiten herunterzubeten à la „zuverlässig", „geduldig", „kommunikativ". Das bringt nicht nur nichts, weil es viel zu unspezifisch ist, sondern es ist auch nicht sonderlich aussagekräftig. Darum tun sich viele auch so schwer, ihre Stärken anzuerkennen.

Anders sieht es aus, wenn Sie konkret werden und erkennen, dass jede Stärke ihren spezifischen, vielfältigen Nutzen hat.

ÜBUNG

Beantworten Sie folgende Fragen, nehmen Sie sich ruhig Zeit dafür.
1. Welche Eigenschaft oder Fähigkeit fällt Ihnen ein, die Sie als Stärke ansehen (oder zumindest als vorteilhaft gelten lassen)?
2. Welche konkrete Situation fällt Ihnen ein, in der Sie diese Stärke zuletzt eingesetzt haben?
3. Formulieren Sie nun den Nutzen dieser Stärke in ein bis zwei Sätzen. ▶

Ihre Antworten könnten z. B. so aussehen:

1. Ich merke schnell, wie es anderen geht.
2. Als mein Kollege kürzlich morgens reinkam, sah ich gleich, dass er schlecht drauf war. Eigentlich wollte ich ihn gerade mit einem Kundenproblem konfrontieren. Stattdessen brachte ich ihm einen Kaffee mit und wir plauderten erst mal über dies und das. Als ich merkte, dass er sich entspannt hatte, berichtete ich ihm von den Problemen mit dem Kunden. Wir besprachen gemeinsam die Sache und haben eine wichtige Entscheidung dazu getroffen.
3. Da ich schnell merke, wie es dem anderen geht, weiß ich genau, was er gerade braucht, z. B. wenn er schlecht drauf oder gestresst ist. Ich mache intuitiv das Richtige, damit es ihm besser geht, und sorge so auch dafür, dass wir gut zusammenarbeiten können.

Machen Sie das mit allen Stärken, die Ihnen einfallen. Fangen Sie mit fünf an, steigern Sie dann auf zehn und gern noch mehr. Es ist eine wunderbare Übung, sich des wahren Wertes Ihrer Stärken bewusst zu werden. Außerdem bereiten Sie sich damit ganz nebenbei auch auf wichtige Situationen wie z. B. Bewerbungsgespräche und Gehaltsverhandlungen vor.

Ihre Schwächen mit starkem Kern

Gleiches gilt natürlich auch für das, was Sie als Schwäche wahrnehmen. Wenn man sich über die eigenen Schwächen hermacht, gilt es zwei Arten zu unterscheiden:

1. Es gibt Schwächen, die einfach Schwächen sind. Diese muss man hinnehmen, durch Stärken ausgleichen oder sich mühsam abgewöhnen.
2. Es gibt Schwächen, die Stärken beinhalten. Diese Schwächen kann man regulieren lernen, sodass man die dahinterstehenden Stärken nutzen kann.

Ja, es gibt Dinge, in denen wir einfach nicht gut oder so richtig schlecht sind. So gibt es z. B. viele Menschen, die hervorragend schreiben können, aber denen das Reden nicht liegt. Klar kann man das bis zu einem gewissen Grad lernen und üben ... wenn man will. Genau da sind wir bei einer weiteren wichtigen Komponente: Manches wollen wir gar nicht – weil es uns total schwerfällt, nicht liegt oder keinen Spaß macht.

Hier liegt auch die Crux: Dafür gibt es keine Schablone, sondern wir sind gefragt, aufmerksam darauf zu achten, warum wir etwas nicht können oder mögen. Denn oft ist eine Abneigung schlichtweg damit verbunden, dass wir etwas noch nicht beherrschen.

Gehen Sie mal in einen Anfängertanzkurs: Da fallen 90 Prozent der Leute über ihre Füße, bewegen sich gegen den Rhythmus und sind so auf ihre Arme und Beine konzentriert, dass sie weder ein gutes Bild abgeben noch Freude am Tanzen haben. Leider stempeln sich diese Anfänger oft als unbegabt ab: „Tanzen ist einfach nichts für mich." Dabei ist es völlig normal, dass man anfangs (noch) nicht gut ist.

Darum halten Sie sich bitte nicht selbst klein, indem Sie von sich sagen „Ich kann x einfach nicht" oder „Ich bin für y zu unbegabt".

Sie müssen nicht alles mögen oder lernen wollen. Und hin und wieder gibt es Dinge, von denen Sie aus vollem Herzen sagen können: „Uäh, da bin ich echt nicht gut drin!" Doch bevor Sie das tun, schauen Sie auf jeden Fall immer auf den starken Kern, der in fast jeder Schwäche steckt. Wie das geht, zeige ich Ihnen jetzt.

MERKSATZ

In fast jeder Schwäche steckt ein starker Kern.

Die beiden Pole jeder Schwäche

Ein Beispiel *Sind Sie auch jedes Jahr wieder überrascht, dass Weihnachten so schnell kommt? Mir geht das so. Na ja, eigentlich ärgere ich mich über mich, da ich immer im letzten Moment Geschenke besorgen muss. Das artet so in Stress aus, dass ich mittlerweile Weihnachten an sich nicht mag – ich verbinde es mit Stress, Ärger und Hetzerei. Nun ist es aber nicht so, dass diese Eigenschaft nur einmal im Jahr zum Problem wird. Das wäre ja einfach!*

Wenn ich mir meine Aufschieberitis genauer anschaue, erkenne ich sie in vielen verschiedenen Ausprägungen in meinem Verhalten wieder. So taucht sie in allen möglichen Situationen auf – vom Besorgen von Geburtstagsgeschenken bis zur Abgabe der Steuererklärung. Sie begleitet mich also dauerhaft im Leben und sorgt für eine Menge an unnötigem Stress für mich selbst und mein Umfeld. Offensichtlich kann ich sie auch nicht so einfach abstellen. Es ist also eine Schwäche, wie sie im Buche steht.

Da die meisten Schwächen eigentlich übertriebene Stärken sind, schaue ich meine Schwäche jetzt unter einem neuen Fokus an: Was schwingt denn da gleichzeitig mit, dass ich alles auf den letzten Drücker mache? – Es ist die Zuversicht, dass ich es schon irgendwie kurz vor knapp hinbekommen werde. Ich kann mich auf mich verlassen: Bisher habe ich, wenn auch unter Hektik und Stress, immer noch Geschenke unterm Weihnachtsbaum gehabt und meine Steuererklärung gerade noch termingerecht verschickt.

Zuversicht ist also der starke Kern in meiner blöden Aufschiebe-Schwäche. Das ist natürlich nicht bei jedem so, denn es gibt auch Menschen, die ständig aufschieben und sich nicht auf sich verlassen können, dass alles rechtzeitig fertig wird. Darum ist es so wichtig, dass jeder für sich ganz konkret hinschaut, was Sache ist.

Bei mir ist das Aufschieben also von Zuversicht begleitet. Und das ist eine sehr vorteilhafte Eigenschaft, denn Zuversicht allgemein gesehen sorgt dafür, dass man sich überhaupt etwas traut, etwas anfängt und den Mut fasst, etwas Neues anzufangen.

Jetzt überlege ich, was wäre das andere Extrem, also das Gegenteil von Aufschieberitis. Für mich wäre es Perfektionismus – alles immer und sofort erledigen, ohne Rücksicht auf Befindlichkeiten.

Ich habe also zwei entgegengesetzte Pole von Zuversicht: Zu wenig davon führt zum Perfektionismus, zu viel davon zu Aufschieberitis. Jetzt stelle ich mir das als einen Regler vor, bei dem ich selbst entscheiden kann, wie viel Zuversicht in einer bestimmten Situation passend ist, und kann so meine Schwäche nach Bedarf gut regulieren.

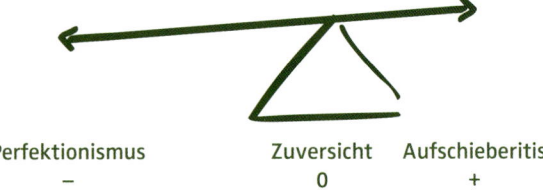

Perfektionismus   Zuversicht Aufschieberitis
–   0   +

Damit habe ich zwei Fliegen mit einer Klappe geschlagen: Ich habe hinter meiner Schwäche eine Stärke gefunden, die ich so noch gar nicht gesehen habe, und ich habe eine gute Möglichkeit entdeckt, diese künftig besser zu handhaben. Ich weiß zwar, dass ich die Dinge gern aufschiebe, aber jetzt habe ich eine Handhabe, um sie nach meinen Wünschen zu regulieren, indem ich der anderen Seite mehr Gewicht verleihe. Denn natürlich ist es nicht damit getan, dass man seine Schwächen nach Stärken durchforstet und glücklich die Arme verschränkt. Vielmehr geht es darum, die Stärke in der Schwäche zu nutzen (wie hier die Zuversicht als Regler-Element).

Das bedeutet auf mein Weihnachtsbeispiel bezogen, dass ich mir im Vorwege drei Deadlines setze:

Geschenke besorgen in der Zeit
- zwischen Januar und Oktober = Perfektionismus
- von November bis zum 10. Dezember = Zuversicht
- ab dem 11. Dezember = Aufschieberitis

Perfektionismus
01.01. – 30.10.

Zuversicht
01.11. – 10.12.

Aufschieberitis
ab 11.12.

Das heißt für mich: Wenn ich bis Anfang November noch keine Geschenke besorgt habe, dann habe ich zwar noch Zeit, aber nur bis spätestens 10. Dezember, denn ab da wäre es Aufschieberitis, und das will ich nicht mehr. Und das klappt!

ÜBUNG: FINDEN SIE DIE STÄRKE HINTER IHRER SCHWÄCHE

- Suchen Sie eine Ihrer Schwächen aus, die sie wirklich hinderlich und negativ für sich und andere finden.
- Lassen Sie Ihrer Kreativität freien Lauf beim Finden der Stärken dahinter. Schießen Sie sich nicht gleich auf eine Stärke ein, sondern notieren Sie ruhig mehrere, die Ihnen einfallen.
- Finden Sie das Gegenteil von Ihrer Schwäche – das andere Extrem.
- Entscheiden Sie dann: Welche Stärke kann diese Schwäche am ehesten regulieren?
- Zeichnen Sie Ihren Regler wie im obigen Beispiel. Jetzt können Sie für jedes neue Vorhaben überlegen, wie locker Sie sich die Zügel zu Ihrer Schwäche lassen oder inwieweit Sie Ihre Stärke nutzen, um sich stärker an die Kandare zu nehmen.

Machen Sie das mit allen Schwächen, die Ihnen einfallen. Dann sind Sie Ihren Schwächen nicht länger ausgeliefert, sondern bestimmen selbst, in welcher Intensität Sie sie leben wollen. Jetzt wissen Sie, wie Sie konstruktiv mit Ihren Stärken und Schwächen umgehen können!

Persönlichkeitstypen: Kerneigenschaften der Sichtbarkeit

Sie haben bereits herausgefunden, welcher Typ Sie sind: Erkenntnistyp, Beziehungstyp oder Handlungstyp. Diese drei Bereiche hängen eng zusammen und sind gemeinsam der Schlüssel zur Sichtbarkeit. Jetzt lernen Sie die fünf Kerneigenschaften für Sichtbarkeit und Überzeugungskraft kennen, die jeder der drei Typen mit sich bringt.

Die 5 Kerneigenschaften des Erkenntnisbereichs

- Setzt Wissen ein
- Unabhängig
- Konzentriert und fokussiert
- Lernt aus Erfahrungen
- Ausdauernd

Die 5 Kerneigenschaften des Beziehungsbereichs

- Offen und zugewandt
- Kreativ
- Zugang zu Emotionen und Bedürfnissen
- Begeisterungsfähig
- Anpassungsstark

Die 5 Kerneigenschaften des Handlungsbereichs

- Eigenverantwortlich
- Umsetzungsstark
- Kann sich selbst motivieren
- Durchsetzungsfähig
- Zielorientiert

Sie klopfen sich auf alle fünfzehn Eigenschaften ab. Dadurch bekommen Sie einen klaren Überblick, was Sie auf Ihrem Sichtbarkeitsguthaben verbuchen können. Sie werden feststellen, dass einige dieser Kerneigenschaften sogar zu Ihren Stärken zählen. In einigen anderen Eigenschaften schätzen Sie sich noch mittelmäßig oder eher schwach ein. Das ist völlig normal. Es geht nicht um „volle Punktzahl", sondern um eine realistische, ganz persönliche Inventur. Sie wissen ja: Das nutzen, was da ist! Und darauf aufbauen.

ÜBUNG

Bitte nehmen Sie jetzt einen Stift zur Hand. Sie lernen jede Eigenschaft näher kennen und können sich direkt selbst einschätzen. Lesen Sie die Erklärung, was alles zu dieser Eigenschaft gehört, aufmerksam durch und überlegen Sie intensiv, bevor Sie Ihr Kreuz machen.

Bei einigen Kerneigenschaften nicken Sie bestimmt nicht bei allen Fähigkeiten, die diese Eigenschaft beinhaltet. Wählen Sie dann die Bewertung, die Sie sich durchschnittlich geben würden. Und widmen Sie sich fokussiert den Teileigenschaften, die Sie gerne mehr beachten möchten, wenn Sie die Eigenschaft das nächste Mal einsetzen.

Diese Bewertungen stehen zur Auswahl:

☐ ☺☺ = Stärke!	Hier bin ich bereits sehr gut/ das fällt mir leicht.
☐ ☺ = (ganz) gut	Darin bin ich gut/o.k./ zumindest nicht schlecht.
☐ ☹ = eher nicht	Das kann ich eher nicht/ ist aufbaufähig.
☐ ☹☹ = Schwäche	Hier bin ich gar nicht gut/ das ist ein Schwachpunkt.

Der Erkenntnistyp

Setzt Wissen ein

☐ 😊😊
☒ 😊
☐ 😐
☐ 😞😞

Dazu gehört:

Klarheit über das eigene Know-how; das Bewusstsein, dass es immer mehr gibt, als man selbst weiß; die Fähigkeit, zur Quelle zu gehen und Informationen auszuwerten, zu hinterfragen und in die Tiefe zu gehen.

Unabhängig

☐ 😊😊
☐ 😊
☒ 😐
☐ 😞😞

Dazu gehört:

Ist „autark" im selbstständigen Recherchieren, Auswerten und Schlüsseziehen; lässt sich durch Ansichten anderer nicht aus der Ruhe bringen, aber nimmt gezielt Informationen von außen auf.

Konzentriert und fokussiert

☐ 😊😊
☒ 😊
☐ 😐
☐ 😞😞

Dazu gehört:

Nimmt die Dinge ernst und geht gezielt in die Tiefe; sieht das große Ganze ebenso wie die Details; erkennt logische Zusammenhänge und kann vorausschauend abwägen; bezieht Ressourcen realistisch ein.

Lernt aus Erfahrungen

☒ 😊😊
☐ 😊
☐ 😐
☐ 😞😞

Dazu gehört:

Ist stark in Erfolgskontrolle; hat dadurch seine Vorhaben fest im Griff; ist planungstreu, passt Pläne aber an, wenn sich neue Erkenntnisse ergeben; lässt eigene Erfahrungen und die anderer einfließen.

Ausdauernd

☐ 😊😊
☒ 😊
☐ 😐
☐ 😞😞

Dazu gehört:

Bleibt am Ball; zieht lieber eine Ehrenrunde, wenn es dem Ergebnis dient; gibt auch bei Schwierigkeiten oder einem Rückschlag nicht auf, sondern sucht Gründe, um es beim nächsten Mal besser zu machen.

☺ Der Beziehungstyp

Offen und zugewandt

☐ ☺☺
☒ ☺
☐ ☺
☐ ☹☹

Dazu gehört:

Wirkt zugänglich; hat ein ehrliches Interesse an anderen Menschen; offen für andere Meinungen; interessiert sich dafür, was Leute bewegt/was sie denken; sammelt verschiedene Meinungen ein für eigene Entscheidungen.

Kreativ

☐ ☺☺
☐ ☺
☒ ☺
☐ ☹☹

Dazu gehört:

Hat viele Ideen; zu Problemen fallen viele Lösungsmöglichkeiten ein; hat eine bunte Phantasie; ist vielseitig interessiert; findet unkonventionelle Lösungen und verbindet Dinge, die nicht offensichtlich zusammenpassen.

Zugang zu Emotionen und Bedürfnissen

☒ ☺☺
☐ ☺
☐ ☺
☐ ☹☹

Dazu gehört:

Ist empathisch und kann sich schnell in andere einfühlen; das Miteinander ist wichtig; ist feinfühlig und sensibel, hat Antennen dafür, was in der Luft liegt; geht auf Leute ein und darauf, was sie gerade brauchen.

Begeisterungsfähig

☐ ☺☺
☒ ☺
☐ ☺
☐ ☹☹

Dazu gehört:

Ist interessiert und offen für alles Neue; sehr neugierig; ist schnell zu begeistern und steckt andere damit an; geht mit Ja-Haltung durchs Leben; ist motiviert, überzeugend und macht Lust auf das Ziel.

Anpassungsstark

☒ ☺☺
☐ ☺
☐ ☺
☐ ☹☹

Dazu gehört:

Ist flexibel und in der Lage, sich Situationen, Bedürfnissen und Veränderungen anzupassen; holt Menschen mit ins Boot; ist schnell im Denken; ist spontan und reagiert schnell; kann gut improvisieren.

▶

Der Handlungstyp

Eigenverantwortlich

☒ ☺☺
☐ ☺
☐ ☹
☐ ☹☹

Dazu gehört:
Übernimmt Verantwortung für das eigene Handeln und Reden und trägt die Konsequenzen dafür; ist 100 Prozent verlässlich und hält Versprechen; arbeitet selbstständig; verlässt sich auf sich und eigene Entscheidungen.

Umsetzungsstark

☐ ☺☺
☒ ☺
☐ ☹
☐ ☹☹

Dazu gehört:
Handelt pragmatisch; nutzt den gesunden Menschenverstand und hat einen Blick für das Machbare; ist engagiert und setzt sich ein; ist belastbar; übernimmt gern Aufgaben; ist ein Macher: redet nicht, sondern handelt.

Kann sich selbst motivieren

☐ ☺☺
☒ ☺
☐ ☹
☐ ☹☹

Dazu gehört:
Hat Willen zum Erfolg; kann sich selbst über längere Strecken bei der Stange halten; hat eine Vision und strebt unaufhaltsam dahin; räumt auftretende Hindernisse aus; handelt aktiv; genießt und feiert seine Erfolge.

Durchsetzungsfähig

☐ ☺☺
☐ ☺
☒ ☹
☐ ☹☹

Dazu gehört:
Nimmt sich den Raum; übernimmt gern die Führung; äußert auch unpopuläre Meinungen und vertritt seinen Standpunkt; trifft Entscheidungen und sorgt dafür, dass sie umgesetzt werden; hat oft das Sagen.

Zielorientiert

☒ ☺☺
☐ ☺
☐ ☹
☐ ☹☹

Dazu gehört:
Ist strukturiert; weiß, wo es langgeht und was zu tun ist; handelt immer im Sinne der Sache/des besten Ergebnisses; verfolgt Ziele konsequent und beharrlich und will sie erreichen, manchmal ohne Rücksicht auf Verluste.

ÜBUNG: IHRE INVENTUR ZU DEN KERNEIGENSCHAFTEN IM ÜBERBLICK

Um einen Gesamtüberblick zu haben, können Sie Ihre Einschätzung in diese Tabelle übertragen (auch als Download auf www.natalieschnack.de/kerneigenschaften.pdf):

Der Erkenntnistyp	☺☺ Stärke!	☺ (ganz) gut	☹ eher nicht	☹☹ Schwäche
Setzt Wissen ein	✗			
Unabhängig			✗	
Konzentriert und fokussiert		✗		
Lernt aus Erfahrungen	✗			
Ausdauernd		✗		

Der Beziehungstyp	☺☺ Stärke!	☺ (ganz) gut	☹ eher nicht	☹☹ Schwäche
Offen und zugewandt		✗		
Kreativ			✗	
Zugang zu Emotionen und Bedürfnissen	✗			
Begeisterungsfähig		✗		
Anpassungsstark	✗			

Der Handlungstyp	☺☺ Stärke!	☺ (ganz) gut	☹ eher nicht	☹☹ Schwäche
Eigenverantwortlich	✗			
Umsetzungsstark		✗		
Kann sich selbst motivieren		✗		
Durchsetzungsfähig			✗	
Zielorientiert	✗			

Die Smileys [☺]: Das haben Sie schon!

- Die Kernfähigkeiten, die Sie als Ihre Stärken identifiziert haben, stehen Ihnen bereits für Ihre Sichtbarkeit zur Verfügung. Nutzen Sie sie ab jetzt noch bewusster!
- Auch auf alle Eigenschaften, die Sie bereits als gut bezeichnen, können Sie bauen. Klar kann man immer noch besser werden. Aber hier ist momentan kein Handlungsbedarf. In Kombination mit Ihren Stärken haben Sie bereits sehr viel auf Ihrem Sichtbarkeitskonto an Guthaben – zumal wir beide wissen, dass Sie vermutlich bei der Einordnung „Stärkc" eh sehr streng waren …

Die Frownies [☹]: Hier können Sie gezielt auf- und ausbauen.

- Alle Kerneigenschaften, bei denen Sie sich ein „eher nicht" gegeben haben, sind vorhanden, aber aus Ihrer Sicht noch unterentwickelt: weil Sie sich noch nicht so gut darin einschätzen oder weil Sie dieser Eigenschaft bisher keine Bedeutung eingeräumt haben.
- Und die Eigenschaften, bei denen Sie sich „schwach" einschätzen oder vielleicht sogar denken, dass Sie etwas bisher noch überhaupt nicht können oder einfach nicht sonderlich gut darin sind, bekommen als Erstes Ihre gesteigerte Aufmerksamkeit.

Am Ende des Kapitels, wenn es um Ihr Sichtbarkeits-Leitbild geht, fließt diese Inventur in Ihre Ziele für mehr Sichtbarkeit und Überzeugungskraft ein.

Ihre Selbstakzeptanz

Sie kennen Sprüche wie „Nur wenn du selbst von dir überzeugt bist, kannst du andere überzeugen". Die klingen immer furchtbar banal und können ganz schön nerven, aber, was soll ich sagen: Sie stimmen! Die Selbstakzeptanz bildet tatsächlich das Fundament, auf dem wir stehen:

Sind wir mit uns einverstanden, stehen wir auf sicherem Boden.

Hadern wir mit uns, sind wir dauernd mit uns selbst beschäftigt.

Jetzt kommt das Entscheidende: Selbstakzeptanz bedeutet nicht, dass man sich großartig finden muss. Es heißt schon gar nicht, dass man alles wissen oder können muss. Und es geht auch nicht darum, dass Sie mit allem, was Sie denken, tun oder unterlassen, einverstanden sind.

Es geht einfach nur darum, dass Sie sich grundsätzlich gut finden. So, wie Sie sind. Mit dem Verbesserungspotenzial, das wir alle haben.

Denken Sie an einen lieben Menschen in Ihrer Umgebung: Klar hat der Seiten, die Sie nicht prickelnd finden, oder Sie können über manche seiner Ansichten nur den Kopf schütteln. Aber auch wenn Sie nicht immer mit allem einverstanden sind, lieben Sie diese Person (manchmal: trotzdem). Darum geht es. Also schauen wir doch gleich mal, wie es um Ihr persönliches Fundament bestellt ist.

Wie finden Sie sich eigentlich?

Diese Frage klingt so harmlos und ist doch für viele mit einigem Ballast verbunden. Denn hier gehen wir tiefer als bei den Stärken-Schwächen-Analysen. Hier kommen wir an unsere Emotionen. Erschwerend kommt hinzu, dass ganz unabhängig davon, wie alt wir sind, der Grundstein für Selbstvertrauen und Zuversicht schon früh gelegt wird. Schon im Kleinkindalter wird Grundvertrauen vermittelt. Wie man im Elternhaus, in der Schule und früher im Freundeskreis mit Ihnen umging, hat Sie geprägt.

Kein Wunder, dass so viele gestandene Erwachsene wissen, dass es mit dem Gefühl, nie gut genug zu sein, schon bei den Schulnoten anfing. Wenn von den Eltern eine Note 2 schon als schlechtes Ergebnis gewertet wurde. Oder wenn man immer mit dem Nachbarskind verglichen wurde, das sooooooo viel sportlicher, höflicher, kontaktfreudiger, verantwortungsbewusster ... war als man selbst. Und vor allem, wenn man immer schon gehört hat, dass aus einem nie was wird, dass man keine Frau/keinen Mann findet oder einfach zu dumm ist.

Keine Frage: Wenn Sie von klein auf in einem stärkenden Umfeld groß geworden sind, haben Sie eine ganz andere Selbstakzeptanz verinnerlicht. Seien Sie froh darüber! Denn dieses gewachsene Fundament, das Ihnen vielleicht bisher selbstverständlich vorkam, haben nicht alle.

Dann gibt es auch noch den Fall, dass dieses Fundament zwar gelegt, aber später durch Erfahrungen – oder ein schädigendes Umfeld – unterminiert wurde: Wenn Sie beruflich mehrmals hintereinander Misserfolge eingefahren haben, wenn ein Lebensgefährte oder die vermeintliche Freundin Ihnen vermittelt, dass Sie nichts können und nichts sind. Oder natürlich, wenn Sie sich selbst ständig einreden, dass Sie nicht hübsch, klug, erfolgreich, attraktiv, interessant, offen, „fähig" genug sind.

Damit sind wir direkt bei der eigenen Wertschätzung, zu der wir gleich noch kommen.

ÜBUNG: MEIN SELBSTBILD

Beantworten Sie sich bitte ganz ehrlich die folgenden Fragen und vervollständigen Sie die Sätze:

☐ Ich finde mich ..., weil ...

☐ Besonders mag ich an mir, dass ...

☐ Es stört mich, dass ...

☐ Dass ich eher von der leisen Truppe bin, ...

Und wenn es etwas gibt, das Sie wirklich sehr stark an sich ablehnen:

☐ Ich hasse an mir ...

Schreiben Sie spontan das hin, was Sie fühlen, und führen Sie Ihre Antworten richtig schön aus – ohne sich zu zensieren und ohne etwas schönzureden. Werden Sie richtig konkret: Worum geht es genau? Warum ist das so? Fällt Ihnen ein Beispiel ein? – Schreiben Sie ruhig eine ganze Seite voll, wenn eine Frage sehr viel bei Ihnen auslöst. Wir wollen einfach mal ganz ungefiltert und umfassend Ihre Gedanken über sich selbst herauslassen.

Wenn es um das Selbstbild geht, kann man nicht einfach mit Logik ankommen und sagen: „Du bist super! Nimm dich an. Sofort." Der erste wichtige Schritt ist, sich selbst gegenüber ehrlich zu sein. Darum ist diese Übung so wichtig.

Nehmen Sie sich also bitte etwas Zeit und lassen Sie keine Frage aus. Sie werden daraus schon Aha-Effekte haben in Bezug darauf,

- was Sie erwähnt haben (manches kann Sie selbst überraschen),
- wo Ihnen zunächst gar nichts – oder nicht viel – einfällt,
- wo gleich ein wahrer Wasserfall an Lob oder Kritik aus Ihnen herausgebrochen ist.

Wie sieht es mit Ihrer eigenen Wertschätzung aus?

Vereinfacht gesagt, bestimmt der Umgang mit Ihnen selbst, wie Sie sich fühlen. Und wie Sie sich fühlen, bestimmt Ihre Ausstrahlung. Ihre Ausstrahlung wiederum bestimmt, ob und wie andere Sie wahrnehmen. Und diese Außenwahrnehmung beeinflusst alles: ob man Sie mag, wie offen man auf Sie zugeht, ob Sie dem Gegenüber positiv im Gedächtnis bleiben, was man Ihnen zutraut (oder befürchtet) und, und, und.

Stehen Sie auf unsicherem Gelände, weil Sie sich selbst nicht akzeptieren, haben Sie, wie wir bereits etabliert haben, immer sehr viel mit sich selbst zu tun.

Die kritischen inneren Stimmen, die Sie klein halten und Ihnen den Boden unter den Füßen wegziehen, werden mehr. Dann fühlen Sie sich traurig, sind entmutigt. Schlimmstenfalls resignieren Sie oder sind unzufrieden, was sich in Reizbarkeit und Zorn entlädt.

Diese Geringschätzung Ihrer eigenen Person ist nicht nur wahnsinnig anstrengend, sie boykottiert auch Ihre Sichtbarkeit. Denn Traurigkeit, Selbstzweifel und Missmut strahlen auch aus, führen aber zu einer Sichtbarkeit, die Sie auf keinen Fall haben möchten, und das zieht einen Rattenschwanz an Problemen nach sich.

Und ein weiterer kritischer Aspekt sabotiert Ihre Sichtbarkeit als leiser Mensch: Je weniger offensiv Sie nach außen gehen, umso weniger bekommt Ihr Umfeld von Ihnen mit. Jetzt manövrieren Sie sich Schritt für Schritt in eine Sackgasse:

1. Sie möchten, dass andere Sie wahrnehmen und erkennen, was Sie alles auf dem Kasten haben.
2. Aber da Sie unsicher, sehr kritisch mit sich selbst sind, haben Sie eine hinderliche Ausstrahlung.
3. Da Sie nicht so aktiv, sondern eher zurückhaltend sind und nicht viel reden, spricht Ihre Ausstrahlung sozusagen für Sie. Leider aber auf kontraproduktive Weise.

Die Lösung lautet: sich selbst wertschätzen (lernen) und diese Wertschätzung aktiv in Ihr Leben integrieren. Keine Sorge, Sie brauchen sich dazu keine Affirmationen an den Spiegel zu kleben. Viel einfacher geht es mit den fünf Wertschätzungs-To-dos.

Die 5 Wertschätzungs-To-dos

1. **Hören Sie auf, an sich herumzukritteln.** Sie wissen ganz genau, was damit gemeint ist: dieses unspezifische, abwertende Herumgemaule, das man sich von anderen nie bieten lassen würde.
2. **Befreien Sie sich aus alten Schubladen.** „Ich bin halt so", „Immer tue ich ...", „Das kann/lerne ich nie", „Ich bin zu unfähig, um ...", „kein Wunder, dass mich keiner mag" – Schubladen erkennen Sie an den Verallgemeinerungen.
3. **Hinterfragen Sie sich: kritisch und konstruktiv!** Wir alle haben gute und schlechte Seiten. In unseren Entscheidungen/ Handlungen gibt es jede Menge Verbesserungspotenzial. Loten Sie es mit ausgewogenem Blick ganz konkret aus.
4. **Lernen Sie Lob wirklich anzunehmen.** Wenn Sie dazu neigen, Lob als nicht ernst gemeint, Schmeichelei oder Mitleid abzutun, sagen Sie ab jetzt „Danke!". Können Sie das Lob nicht nachvollziehen, fragen Sie nach: „Was konkret gefällt Ihnen an ...?", „Wirklich? Für mich ist das so selbstverständlich. Was finden Sie so ...?"
5. **Klopfen Sie sich immer wieder auf die Schulter,** auch bei kleinen Dingen. Manchmal ist man besonders produktiv oder findet eine simple Lösung für ein großes Problem. Loben Sie sich dafür!

... und: Kultivieren Sie Ihre Stärken. Ich habe z. B. erst, als ich es wusste, bewusst darauf zu achten begonnen, ob ich als Beziehungstyp meine spezifischen Qualitäten wirklich nutze. Je mehr ich darauf achte, umso mehr setze ich sie ein und umso mehr merke ich, was für ein Schatz sie sind und wie viel präsenter ich dadurch bin – ich finde mich mit diesen meinen Fähigkeiten richtig gut! Andererseits macht es mir immer wieder Spaß, auch weitere Facetten an mir zu entdecken, die nicht unbedingt zum Beziehungstypen gehören.

Wenn Sie Ihren Fokus darauf richten, sich aktiv auf diese Weise wertzuschätzen, dann verstärken Sie Ihr Fundament. Das Tolle: Auch wenn Sie bisher auf wackeligem Fundament standen, kitten Sie diese Grundlagen mit der Zeit und sorgen auch mit früherem Ballast und Unsicherheiten dafür, dass Sie innerlich gefestigter und überzeugt von sich werden. Diese innere Akzeptanz strahlt nach außen und sorgt automatisch für eine starke, vorteilhafte Präsenz, auch wenn Sie nur stumm im Raum sitzen.

Erfolge und Misserfolge

Ein zentraler Faktor für die Selbstakzeptanz ist, wie Sie mit Erfolgen und Misserfolgen umgehen.

Wie definieren Sie Erfolg und Misserfolg? Diese beiden Schlagwörter sind ja riesig und werden doch erstaunlich selten differenziert. Was ist, wenn Ihnen eine Kaffeetasse aus der Hand rutscht und Sie sie gerade noch auffangen? Feiern Sie dann den Erfolg Ihrer großartigen Reaktionsgeschwindigkeit? – Was, wenn der Chef Ihre Präsentation schrecklich findet? Sind Sie dann gescheitert und bekommen keinen Fuß mehr auf den Boden? Oder sagen Sie „Oha, das war wohl ein Missverständnis, da muss ich gleich noch mal fragen, was der Chef erwartet hat, damit ich nachbessern kann."

Wie ausgewogen erkennen Sie Ihren Anteil daran? Überprüfen Sie auch hier einmal ganz genau, ob Sie sich sowohl im Erfolgsfall als auch bei einem Misserfolg gleichermaßen in die Pflicht nehmen. „In guten wie in schlechten Zeiten" gilt nämlich auch bei der Selbstakzeptanz! Oder gehören Sie zu den Menschen, die Erfolge gar nicht wahrnehmen, als selbstverständlich abtun oder dem Glück/Zufall/anderen zuschreiben, aber dafür immer schuld sind, wenn die Dinge nicht ideal laufen?

Wie realistisch beurteilen Sie rückblickend Ihre Entscheidungen? „Hätte ich damals (nicht) ..., dann ..." Jeder kennt dieses Hadern. „Hätte ich mich damals getraut, xy zu tun, hätte ich richtig Karriere gemacht! Hätte ich nicht so lange gezögert, wäre ich zum Zug gekommen ... Wäre ich nicht so feige, dann ..." Wir treffen immer die Entscheidungen, die wir zum aktuellen Zeitpunkt treffen können. Manchmal können wir nicht überblicken, was dran hängt. Und oft sind wir einfach noch nicht so weit, etwas zu tun. Wenn wir zurückblicken, müssen wir also immer unsere Damals-Person einbeziehen – mitsamt der Damals-Situation und dem Damals-Wissen.

Ihr Sichtbarkeits-Leitbild

Sie sind nun gut gerüstet, Ihr Sichtbarkeits-Leitbild zu kreieren. Das ist ein Bild in Ihrem Kopf, nach dem Sie Ihre Sichtbarkeit gestalten und leben können. Hat man sich so ein Zukunftsbild erst geschaffen, lenkt es die eigenen Handlungen und Entscheidungen, wie ein Fixstern, ohne dass man sich in jeder Situation neu dazu Gedanken machen muss.

Das Sichtbarkeits-Leitbild besteht aus drei wichtigen Bausteinen:
1. Ihr Sichtbarkeits-Ist und -Soll
2. Ihre Stärken-Bilanz zu den Bereichen Erkenntnis, Beziehung, Handeln
3. Ihr gezielter Fokus auf die Kerneigenschaften

Das alles fließt in Ihren ganz persönlichen Sichtbarkeits-Steckbrief ein, den wir jetzt gemeinsam entwickeln.

Baustein 1: Ihr Sichtbarkeits-Ist und -Soll

Bevor Sie sich mit der Zukunft befassen, heißt es erst einmal zu überprüfen, wo Sie gerade stehen. Dafür ist es wichtig, die Frage zu klären, wie zufrieden Sie mit Ihrer jetzigen Sichtbarkeit sind. Bewerten Sie das auf einer Skala von 1 bis 10.

Ich bin unzufrieden mit meiner Sichtbarkeit.	1	2	3	4	5	6	7	8	9	10	Ich bin sehr zufrieden mit meiner Sichtbarkeit.

Ich gehe davon aus, dass Sie nicht die 10 ankreuzen, denn dann hätten Sie sich dieses Buch erst gar nicht gekauft.

Ganz unabhängig von Ihrem ausgewählten Wert ist es wirklich interessant, darüber nachzudenken, was es bedeuten würde, wenn Sie Ihren Wert erhöhen würden.

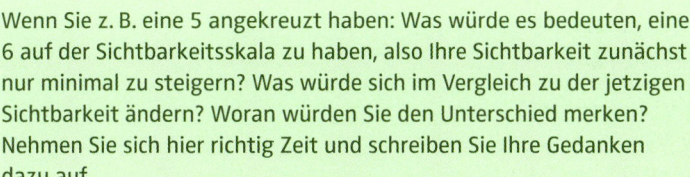

ÜBUNG: FORMULIEREN SIE IHR SICHTBARKEITSZIEL

Wenn Sie z. B. eine 5 angekreuzt haben: Was würde es bedeuten, eine 6 auf der Sichtbarkeitsskala zu haben, also Ihre Sichtbarkeit zunächst nur minimal zu steigern? Was würde sich im Vergleich zu der jetzigen Sichtbarkeit ändern? Woran würden Sie den Unterschied merken? Nehmen Sie sich hier richtig Zeit und schreiben Sie Ihre Gedanken dazu auf.

Und jetzt definieren Sie, welchen Skalenwert Sie für Ihre Sichtbarkeit überhaupt momentan anstreben. Liegt er um mehr als einen Punkt höher, dann überlegen Sie, wie sich diese **Veränderung** ganz konkret auf Ihre Sichtbarkeit auswirken wird. Woran würden Sie den Unterschied zu der jetzigen Sichtbarkeit merken? Werden Sie ganz konkret, sodass Sie richtige **Kriterien** dafür haben, die Sie später überprüfen können.

Nun formulieren Sie daraus Ihr Sichtbarkeitsziel und setzen das, was Sie ausformuliert haben, ein:
„Ich erhöhe meine Sichtbarkeit von x Punkten auf y Punkte, das bedeutet, dass sich … **(Veränderung)** verändert und … **(Kriterien)** anders sein werden."

Baustein 2: Ihre Stärken-Bilanz: Erkenntnis, Beziehung, Handeln

Im Abschnitt „Persönlichkeitstypen: Kerneigenschaften der Sichtbarkeit" haben Sie sich in den fünf zentralen Eigenschaften jedes Typs eingeschätzt. Die Eigenschaften Ihres eigenen Typs haben Sie besonders hoch eingeschätzt, weil Sie hier besonders stark sind. Aber alle 15 Eigenschaften sind wertvoll für mehr Präsenz und Sichtbarkeit. Darum nehmen Sie sich jetzt bitte Ihren Gesamtüberblick noch einmal vor: Sie haben sich in jeder Kerneigenschaft eingeschätzt und dabei entweder Smileys oder Frownies vergeben.

Jetzt werten wir aus, wie viel Prozent an Stärken (☺) Sie in jedem Bereich bereits haben. So geht's:

Die Auswertung Ihrer Stärken

In jedem Kernbereich gibt es fünf Eigenschaften. Wenn Sie alle Eigenschaften mit Smileys bewertet haben, hätten Sie maximal 100 Prozent pro Bereich erreicht. Darum ist jedes Kreuz 20 Prozent wert.

Zählen Sie jetzt in Ihrer Gesamtauswertung nach, wie viele Smileys und Frownies Sie pro Bereich haben – und zählen Sie die Prozentzahlen zusammen.

Ein Beispiel:

Erkenntnisbereich:

ⓘ	☺☺ Stärke!	☺ (ganz) gut	☹ eher nicht	☺☹ Schwäche
Setzt Wissen ein	✗			
Unabhängig		✗		
Konzentriert und fokussiert				✗
Lernt aus Erfahrungen	✗			
Ausdauernd	✗			
	4 Kreuze auf der Smiley-Seite = 80 %			

Beziehungsbereich:

	☺☺ Stärke!	☺ (ganz) gut	☹ eher nicht	☹☹ Schwäche
Offen und zugewandt			✗	
Kreativ				✗
Zugang zu Emotionen und Bedürfnissen			✗	
Begeisterungsfähig		✗		
Anpassungsstark				✗

1 Kreuz auf der
Smiley-Seite = 20 %

Handlungsbereich:

	☺☺ Stärke!	☺ (ganz) gut	☹ eher nicht	☹☹ Schwäche
Eigenverantwortlich	✗			
Umsetzungsstark		✗		
Kann sich selbst motivieren				✗
Durchsetzungsfähig	✗			
Zielorientiert			✗	

3 Kreuze auf der
Smiley-Seite = 60 %

Jetzt haben Sie einen Gesamtüberblick, in welchem Bereich Sie neben Ihren Kernstärken am meisten Defizite haben. Das ist deshalb wichtig, weil Ihnen bei bisher sehr unterentwickelten Bereichen zentrale Sichtbarkeitsaspekte fehlen. – Das ist übrigens eine gute Nachricht: Denn einerseits sollen Sie Ihre Kernstärken, die Ihnen besonders leichtfallen, ganz bewusst einsetzen – andererseits aber geht es darum, sich nicht gleichzeitig unbemerkt zu sabotieren.

Unsere Beispielperson sieht also nicht nur die einzelnen Kerneigenschaften und wie sie dabei bisher abschneidet, sondern sie hat auch einen eindeutigen Überblick, wo sie speziell mit dem Ausgleichen beginnen sollte. Die Auswertung würde also so aussehen:

Erkenntnisbereich	Beziehungsbereich	Handlungsbereich
80 %	20 %	60 %

- Als Erkenntnistyp bin ich naturgemäß sehr stark im Erkenntnisbereich.
- Im Beziehungsbereich zeigt sich ein deutliches Manko. Speziell bei den Berührungspunkten mit anderen habe ich also Verbesserungspotenzial.
- Dafür bin ich auch im Handlungsbereich bereits ziemlich stark.

Es ist wichtig, zunächst den Bereich anzupacken, der am meisten unterentwickelt ist. Das heißt nicht, dass wir jede Kerneigenschaft erlernen und beherrschen müssen. Doch es bedeutet, dem betreffenden Bereich spezielle Aufmerksamkeit zukommen zu lassen. Sie brauchen also nicht von sich zu verlangen, plötzlich superkreativ zu werden oder Empathie zu lernen – aber alleine das Miteinander, das Bewusstsein, mehr auf andere einzugehen, steigert Ihre Beziehungspräsenz.

Wichtig Wenn Ihnen Ihre Auswertung zu schwammig erscheint, Sie z. B. extrem viele Smileys oder dominierend viele Frownies in allen Bereichen haben, ist das ein Zeichen dafür, dass Sie zu undifferenziert oder zu streng gewertet haben. Gehen Sie dann bitte die differenzierten Beschreibungen, was alles zu den Kerneigenschaften gehört, noch einmal intensiv durch und wiederholen Sie Ihre Selbsteinschätzung.

MERKSATZ

Schenken Sie Ihre Aufmerksamkeit zunächst vorrangig dem Bereich, der bei Ihnen am meisten unterentwickelt ist.

Baustein 3: Ihr gezielter Fokus auf die Kerneigenschaften

Schließlich fokussieren Sie sich nun auf alle Kerneigenschaften, bei denen Sie sich zwei Smileys gegeben haben. Hier haben Sie Ihre absoluten Stärken: Das sind die Fähigkeiten, die Sie verinnerlicht haben, in denen Sie buchstäblich großartig sind – und die Ihnen noch dazu leichtfallen.

Diese gilt es ab jetzt ganz besonders einzusetzen. Wir rücken sie im Leitbild, das Sie nun zusammenstellen, gezielt in den Fokus Ihrer Aufmerksamkeit.

Mein Sichtbarkeits-Steckbrief

WANTED:
Mehr Sichtbarkeit

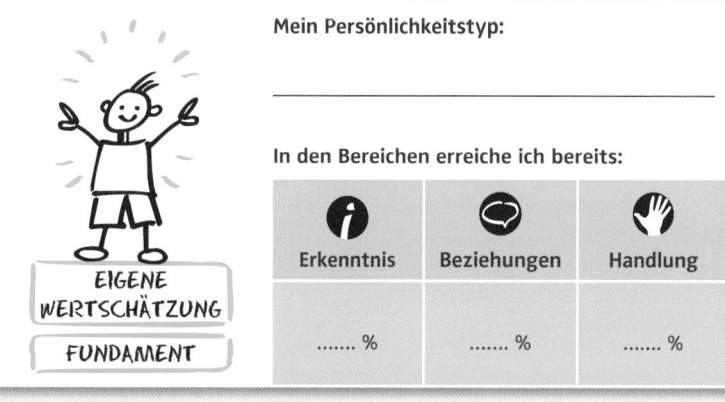

Mein Persönlichkeitstyp:

_____

In den Bereichen erreiche ich bereits:

Erkenntnis	Beziehungen	Handlung
.... %	.... %	.... %

EIGENE WERTSCHÄTZUNG

FUNDAMENT

Mein aktuelles Stärkeguthaben:

(Tragen Sie alle Kerneigenschaften ein, bei denen Sie 😊😊 für sich verbuchen können)

_____

_____

_____

_____

_____

_____

_____

Meine aktuellen Sichtbarkeitsziele:

Formulieren Sie drei konkrete Ziele, die Sie haben, um Ihre Präsenz und Sichtbarkeit zu steigern:

- _____

Das bedeutet:

_____

_____

_____

_____

- _____

Das bedeutet:

_____

_____

_____

_____

- _____

Das bedeutet:

_____

_____

_____

_____

Sie können diesen Steckbrief auch als Formular von meiner Website herunterladen:
www.natalieschnack.de/sichtbarkeitssteckbrief.pdf

STATUS NUTZEN FÜR MEHR PRÄSENZ

Solange Sie sich anderen Menschen unterlegen fühlen, werden Sie nicht bereit sein, sich zu zeigen. In diesem Kapitel lernen Sie deshalb den Umgang mit dem Status. Mit Status ist gemeint, wie wir uns in konkreten Situationen im Verhältnis zu den anderen sehen. Ziel ist es, dass Sie sich Ihrem Umfeld gewachsen fühlen und anderen auf Augenhöhe begegnen.

Sie kennen sicher auch Menschen, die sofort Ihre Aufmerksamkeit auf sich ziehen, sobald sie den Raum betreten. Ich meine nicht laute Personen, die mit ihrem Gehabe alles übertönen. Sondern Menschen, deren Anwesenheit man ganz intensiv erlebt, ohne dass sie viel Aufhebens um sich machen. Die, auch wenn sie nur still dasitzen, eine starke Ausstrahlung haben. Woran liegt das Ihrer Meinung nach, dass sie ohne viel Brimborium so sichtbar sind?

Es liegt an ihrer Präsenz. Präsent ist eine Person vor allem dann, wenn sie ihre eigene Aufmerksamkeit ganz auf den aktuellen Moment konzentriert. Das heißt, sie fokussiert sich vollkommen darauf, was um sie herum passiert, und auf die Menschen, mit denen sie gerade zu tun hat – und zwar wohlwollend und wertschätzend. Jetzt passieren zwei Dinge:

1. Die Anwesenden fühlen sich wirklich gesehen, wahrgenommen und ernst genommen.
2. Die präsente Person wird dadurch besonders beachtet.

Wir haben im vorigen Kapitel darüber gesprochen, dass Ihre Ausstrahlung durch das bestimmt wird, was „drin ist". Einerseits geht es um unser Selbstbild und wie wir mit uns umgehen. Andererseits aber geht es auch darum, wie wir uns in jeder Situation im Verhältnis zu den anderen sehen. Denn auch das beeinflusst unsere Ausstrahlung: ihre Strahlkraft und ob sie positiv oder negativ ausfällt. Damit sind wir beim Status.

Was ist Status?

In jeder Begegnung, in jedem Gespräch, überhaupt in jeder Situation, in die mindestens zwei Personen involviert sind, wird Status ausgehandelt, meist ohne es zu merken. Diese Tatsache hat Keith Johnstone, der Begründer des modernen Improvisationstheaters, in seiner Arbeit mit Schauspielern entdeckt.

Ein Beispiel *Stellen Sie sich folgende typische Alltagssituation vor: Sie sind in einem Café verabredet. Es regnet und Sie haben keinen Schirm. Schnell laufen Sie in Richtung Eingangstür, denn Sie wollen nicht durchnässt Ihrer Verabredung entgegentreten. Sie reißen die Tür auf und sehen, dass direkt vor Ihnen eine unbekannte Person steht, die gerade hinaus will. Es ist klar, Sie kommen nicht aneinander vorbei. Einer muss dem anderen den Vortritt lassen. Üblich wäre ja, erst die Person rausgehen zu lassen, bevor man selbst reingeht. Aber im Regen? Wie verhalten Sie sich also?*

Es gibt jetzt verschiedene Szenarien, wie diese Situation weitergeht. Doch was Sie bisher wahrscheinlich gar nicht geahnt haben: Sie und die andere Person, die gerade im Türrahmen des Cafés steht, handeln mit Ihrem Verhalten den Status aus.

Status in diesem Zusammenhang hat nichts mit Hierarchie, Titeln oder Besitztümern zu tun. Es geht darum, wie Sie sich selbst sehen: im Vergleich zu anderen Menschen oder auch zur ganzen Welt. Status teilen wir uns – und anderen – in jeder Situation selbst zu. Je nachdem, in welche Position wir uns zum Gegenüber setzen, verändert sich unser Verhalten. Der andere tut das auch.

Stellen Sie sich Status wie einen ständig ablaufenden Vergleich vor, ein Messen um Gunst, Respekt, um Sympathie oder den Wunsch nach Distanz beziehungsweise Nähe. In allem, was ausgedrückt wird – ob in der Körpersprache, Stimme, Sprache –, transportieren wir neben dem Inhalt das aktuelle Status-Verhältnis zu unserem Gegenüber.

Status ist dabei nicht beständig, er wird in jeder Begegnung immer wieder neu ausgehandelt, auch mit Menschen, die wir schon ewig kennen. Das Spannende am Status: Diese Zuordnung läuft unbewusst ab. Die Körpersprache, die Stimme, die Sprechweise und das Gesagte werden „gescannt". Dann treffen wir in Sekundenschnelle die Entscheidung, wie wir darauf reagieren. Erst im Nachhinein fragen wir uns oft, warum wir uns genau so und nicht anders verhalten haben, ohne eine eindeutige Antwort darauf zu finden.

MERKSATZ

Status wird unbewusst zwischen zwei Menschen ausgehandelt. Dabei spielen Körpersprache, Stimme und Sprechweise eine wichtige Rolle.

Status innerlich und äußerlich – die Zusammenhänge

Status spielt sich also im Inneren ab und wirkt nach außen. Das, was wir über uns denken und wie wir uns im Vergleich zu den Menschen um uns herum sehen, beeinflusst unser Verhalten. Je besser wir in diesem Vergleich abschneiden, desto leichter fällt es uns, mit der Aufmerksamkeit nach außen zu gehen und anderen auf Augenhöhe zu begegnen.

So weit, so klar. Doch jetzt wird es komplexer! Denn nur, weil man es gut findet, anderen auf Augenhöhe zu begegnen, tut man das nicht automatisch. Im Gegenteil! Wir Menschen sind sehr emotionsgesteuert, darum bewegen wir uns im Miteinander meistens im Hoch- oder Tiefstatus, das heißt, wir positionieren uns über andere oder unter anderen.

MERKSATZ

Wenn wir anderen auf Augenhöhe begegnen, erreichen wir eine starke und positive Präsenz.

Hochstatus und Tiefstatus

Grundsätzlich wird zwischen Hoch- und Tiefstatus unterschieden:

Hochstatus Hoher innerer Status äußert sich in Selbstakzeptanz, stabilem Selbstbewusstsein und einer inneren Klarheit über das, was man tut. Das ist bei den Menschen der Fall, die sich selbst so akzeptieren, wie sie sind.

Tiefstatus Tiefer innerer Status resultiert aus Unsicherheiten und Selbstzweifeln. Es herrscht eine Unklarheit darüber, welchen Wert und welche Wichtigkeit man sich selbst im Vergleich zu anderen zugesteht. Oft fühlt man sich „kleiner" und unbedeutender.

Wenn wir mit anderen zu tun haben, gibt es diese vier Kombinationen von Status:

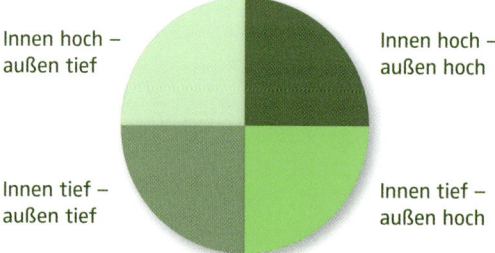

Innen hoch –
außen tief

Innen hoch –
außen hoch

Innen tief –
außen tief

Innen tief –
außen hoch

Anhand des „Schnell ins Trockene"-Beispiels sehen wir uns nun an, was diese Status-Kombinationen im Alltag bedeuten.

Innen hoch – außen hoch

Sie sind fest entschlossen, als Erster durch die Tür zu gehen. Soll doch der andere aus dem Weg gehen! Schließlich werden Sie gerade nass. Sie gehen also zielstrebig weiter und schauen ernst geradeaus, ohne Ihr Gegenüber zu beachten. Ihr Anblick lässt keinen Zweifel an Ihrer Entschlossenheit aufkommen. Der andere tritt eilig zurück und lässt Sie vorbei, während er über den hinter ihm stehenden Stuhl stolpert.

In diesem ersten Beispiel habe ich ein sehr dominantes Auftreten beschrieben. Sie sind davon überzeugt, dass Sie das Recht haben, als Erster reinzugehen – Sie fühlen sich wichtig, die andere Person ist Ihnen egal. Das spricht für einen hohen inneren Status: „Ich bin hier wichtig!", und diese innere Haltung spiegelt sich wider.

So handeln Sie auch: Sie gehen einfach weiter, ohne anzuhalten und den anderen zu beachten. In Ihrem ganzen Auftreten spürt man die Dominanz. Sie treten auch nach außen im Hochstatus auf.

Es geht also um zwei Faktoren:
- Innen hoch: Sie sind von sich selbst und dem eigenen Ziel überzeugt, finden sich wichtig und in diesem Augenblick sogar wichtiger als andere in Ihrem Umfeld. Sie sind davon überzeugt, dass Sie über die Situation bestimmen.
- Außen hoch: Sie kommunizieren ganz klar, was Sie erwarten, gehen gezielt vor, treten selbstbewusst auf und machen so Ihren Dominanzanspruch deutlich. Das äußert sich auch darin, dass Sie den Raum für sich einnehmen und nicht davor zurückschrecken, sich in den Mittelpunkt zu stellen.

Innen hoch – außen tief

Sie sind schon kurz davor, schnell durch die Tür zu stürmen – egal wer da kommt: Hauptsache ins Trockene –, als Sie plötzlich merken, dass die entgegenkommende Person sehr attraktiv ist. Also bleiben Sie stehen, treten betont höflich zurück, schauen ihr unverwandt tief in die Augen und lassen sie mit einer großzügigen Armbewegung und einem charmanten Lächeln zuerst durch die Tür.

Hier geht es zwar um ein rücksichtsvolles, aber sehr auf sich bedachtes Verhalten. Sie haben klare Ziele vor Augen. Erst wollen Sie schnell rein und sind bereit, den Entgegenkommenden über den Haufen zu rennen. Dann haben Sie ein anderes Ziel anvisiert: die entgegenkommende attraktive Person zu beeindrucken und sich als Gentleman bzw. Dame zu zeigen. Sie fühlen sich wichtig und toll. Sie haben eine genaue Vorstellung davon, wie Sie sich geben sollten, um das eigene Ziel zu erreichen. Das spricht für Ihren inneren Hochstatus.

In Ihrem Verhalten zeigen Sie Ihre Dominanz ganz bewusst nicht –
eher das Gegenteil: Sie nehmen sich zurück und sind sogar bereit,
zugunsten Ihres Gegenübers nass zu werden. Auch der tiefe Blick, wie
übrigens die meisten Flirtsignale, ist ein klares Zeichen des Tiefstatus,
den Sie hier ganz bewusst einsetzen.

Es gilt also zu unterscheiden:

- Innen hoch: Sie erleben sich selbst als wertvoll und kennen Ihren
  eigenen Wert. Um Ihre Ziele zu erreichen, nehmen Sie sich aber
  bewusst zurück, weil Sie sich davon bessere Chancen für die Gestaltung der Beziehung zum Gegenüber und so für die eigene
  Zielerreichung versprechen.
- Außen tief: Sie gehen ganz bewusst sehr wertschätzend mit anderen um, indem Sie ganz auf die Belange Ihres Partners eingehen
  und sich selbst zurücknehmen. Sie stellen Ihr eigenes Licht auch
  ganz gern mal unter den Scheffel, damit der andere Sie nicht als
  Konkurrenz wahrnimmt. Solche Menschen sind wahre Diploma-
  ten, die auf diese Art oft mehr erreichen als andere mit nach außen
  demonstrierter Dominanz.

Innen tief – außen hoch

*Als Sie sehen, dass die entgegenkommende Person zuerst rauswill
und keine Anstalten macht, Ihnen den Vortritt zu lassen, gehen Sie
mit einem Ruck vor. Sie quetschen sich an dem anderen vorbei,
dabei kommen Sie ihm sehr nahe und machen ihn nass. Sie schauen
die überrascht und ratlos dreinblickende Person böse an, lassen
einen spitzen Kommentar fallen, warum sie Ihnen den Vortritt hätte
lassen sollen, und gehen genervt weiter in der Hoffnung, dass kein
anderer diese peinliche Situation mitbekommen hat.*

Hier wollen Sie gewinnen, koste es, was es wolle. Wenn jemand die eigene Dominanz so extrem überbetont, dann sollte man aufhorchen. Denn hinter dieser Fassade verbirgt sich meist Unsicherheit und der dringende Wunsch danach, größer zu wirken, als man tatsächlich ist. Alles spricht dafür, dass Sie in diesem Fall innerlich im Tiefstatus sind: zu erkennen an dem dringenden Wunsch, nicht wieder nachzugeben, und auch der Sorge im Nachhinein, ob jemand diese peinliche Situation gesehen hat. Schamgefühl ist ein grundsätzliches Zeichen des tiefen inneren Status.

Nach außen wird die Unsicherheit stark überspielt und Sie treten in einer extrem betonten und unangenehmen Form des Hochstatus auf.

Hier kann man also unterscheiden:

- Innen tief: Sie sind zwar innerlich alles andere als von sich überzeugt, versuchen aber diese Unsicherheit zu überspielen. Doch das ist natürlich sehr mühsam. Denn die Angst, dass der eigentliche Status enttarnt wird, ist immer latent vorhanden, was sich sogar in innerer Aggression äußern kann.
- Außen hoch: Nach außen wird Arroganz und eine übertriebene Form der Dominanz gezeigt. Solche Menschen neigen oft zu einer besonders lauten Art der Selbstdarstellung. Im Unterschied dazu ist jemand im inneren Hochstatus so von sich überzeugt und in sich ruhend, dass er es nicht nötig hat, sich aufzuspielen. Hochstatus-Personen strahlen vielmehr Dominanz aus, ohne viel dafür zu tun.

Innen tief – außen tief

Sie treten sofort bereitwillig zurück in den Regen und gehen auf Abstand, schließlich hat die andere Person den Vortritt. Verschämt lächelnd und nach unten blickend, lassen Sie sie vorbeigehen. Dann erst gehen Sie selbst klitschnass hinein.

Hier nehmen Sie sich nicht wichtig beziehungsweise Ihr Gegenüber wichtiger. Auch wenn Sie nass werden, kommen Sie nicht auf die Idee, sich den Vortritt zu nehmen. Das spricht für inneren Tiefstatus.

Auch Ihr Verhalten zeigt deutlich, dass Sie sich zurücknehmen: Sie treten zur Seite und gehen sogar auf Abstand, um die entgegenkommende Person durchzulassen, lächeln verschämt und blicken nach unten. All das sind deutliche Zeichen des äußeren Tiefstatus.

Wir unterscheiden also:
- Innen tief: Jemand, der innerlich unsicher ist, strahlt das oft auch aus. Im Vergleich mit dem Gegenüber schätzen Sie sich selbst und die eigenen Bedürfnisse als weniger wichtig ein. Sie haben kein klares Ziel vor Augen und überlassen anderen die Führung.
- Außen tief: Äußerlich erkennt man den Tiefstatus an besonderer Zurückhaltung und unsicherem oder devotem Verhalten. Auch fehlt die Klarheit in der Kommunikation, Sie nehmen Dinge hin, ohne Ihre Bedürfnisse, Ziele und Wünsche deutlich zu äußern. Auch an der Unterwürfigkeit oder der fehlenden eigenen Meinung erkennt man den Tiefstatus. Menschen, die dauerhaft im Tiefstatus sind, versuchen einfach nur, nicht aufzufallen und möglichst unter dem Radar zu fliegen – nach dem Motto: „Wenn ich mich nur unauffällig genug verhalte, dann merkt auch keiner, wie klein und unbedeutend ich bin."

Was ist der Augenhöhe-Status?

Sie schauen Ihr Gegenüber lächelnd an und sagen: „Darf ich schnell ins Trockene?" Der andere tritt zurück und lässt Sie verständnisvoll vorbei. Sie gehen rein, während Sie offenen, freundlichen Blickkontakt halten und sich lächelnd bedanken. Beide gehen Sie gut gelaunt weiter Ihren Weg.

Wie Sie sich sicher denken können, bevorzuge ich diese Möglichkeit: Hier wissen Sie genau, was Sie erreichen möchten. Dabei begegnen Sie Ihrem Gegenüber wertschätzend und auf Augenhöhe, denn Sie möchten die Person nicht einfach übergehen oder darüber bestimmen, wie es weitergeht.

Sie kommunizieren klar, was Sie wollen. Außerdem signalisieren Sie mit Ihrer Frage, dass sie den anderen und seine Bedürfnisse für ebenso wichtig halten wie sich selbst und Ihre eigenen Anliegen und dass Sie sich auf ein gutes gemeinsames Ergebnis einigen möchten. Und das Gute daran: Sie erreichen dieses Ergebnis auch, ohne dabei auf Dominanz zu setzen. Im Endeffekt profitieren Sie beide von dieser Art des Umgangs.

Diesen Status nenne ich den Augenhöhe-Status. Er ist bestens dafür geeignet, eine starke positive Präsenz zu erreichen:

- Innen: Der Augenhöhe-Status basiert auf einer inneren Klarheit über sich selbst und die eigenen Bedürfnisse und Ziele. Hier erleben Sie sich als wertvoll und wichtig. Das entspricht dem inneren Hochstatus. Was hier allerdings zusätzlich hinzukommt, ist die wertschätzende und respektvolle Haltung gegenüber anderen Menschen. Sie erleben sich als ebenbürtig. Es geht nicht darum, zu gewinnen, sondern um eine gemeinsame Lösung zum Wohle aller Beteiligten.
- Außen: Hier kommunizieren Sie deutlich, was Sie möchten, und machen gleichzeitig deutlich, dass Sie Rücksicht auf die andere Person nehmen. Es ist auch so, dass man sich dem Interaktionspartner anpasst. Würde Ihnen ein kleines Kind entgegenkommen, würden Sie sich bücken und mit sanfter Stimme sprechen, einem großen, „bärigen" Mann gegenüber würden Sie sich auch körperlich groß machen und mit einer tieferen Stimme sprechen. Dieses natürliche Verhalten wird hier im Augenhöhe-Status gezielt genutzt.

Insgesamt erkennen Sie Ihren inneren Status also daran, wie Sie Ihre Wichtigkeit/Wertigkeit im jeweiligen Augenblick im Vergleich zu Ihrem Gegenüber erleben: höher, tiefer oder auf Augenhöhe.

Ich habe in dem Beispiel bewusst mit plakativen Szenarien gearbeitet, um Ihnen das Prinzip deutlich zu machen. Wir kennen alle diese Status-Kombinationen und erleben sie täglich. Und jede davon ist wichtig. Einige der beschriebenen Verhaltensweisen erscheinen Ihnen vielleicht unsympathisch, doch kann jede dieser Status-Kombinationen sowohl positiv als auch negativ ausgelebt werden.

Denn Status ist nicht von Dauer. Er verändert sich ständig, sogar im selben Gespräch mehrmals. Das bedeutet, wenn Sie in einem Moment innerlich im Hochstatus sind und gerade das Gespräch führen und Situation bestimmen, kann es sich im nächsten Moment wieder ändern und Ihr Gegenüber übernimmt die Führung. Das ist gut so und sehr wichtig für eine wertschätzende und eindeutige Kommunikation. Denn was wäre denn, wenn jeder immer bestimmen würde – dann würden Sie sich ständig ins Wort fallen, sich gegenseitig überbieten und so Ihre Energie in Statuskämpfen vergeuden. Aber auch wenn sich beide so zurücknehmen würden, dass keiner die Führung und die Verantwortung für das Miteinander übernimmt, wäre keine Beziehung und sinnvolle Kommunikation möglich.

Wir leben ja nicht auf der Insel der Status-Glückseligen, sondern auch unser Gegenüber hat sein Statusverhalten und beeinflusst damit wiederum unser Gefühl und Verhalten. Der Status entfaltet sich also immer in der Interaktion mit anderen Menschen. In unserem Beispiel haben Sie ja gesehen, dass je nachdem, in welcher Rolle Sie aufgetreten sind, Ihr Gegenüber sich anders verhalten hat. Wir reagieren also in Abhängigkeit vom Auftreten anderer.

Um anderen im Augenhöhe-Status begegnen zu können, sind hohe Selbstakzeptanz und Selbstwertgefühl wichtig. Der innere Hochstatus ist also die Basis, allerdings in Verbindung mit einer ebenso hohen Wertschätzung für andere Menschen. Darum ist das Ideal der innere Hochstatus gepaart mit dem bewussten Entscheiden für die Augenhöhe. Denn wo der Hochstatus zur Dominanz wird, sorgt der Augenhöhe-Status im Gegenteil für eine Win-win-Situation. Dazu ist das Beherrschen der Status-Wippe wichtig (siehe weiter unten).

MERKSATZ

Status verändert sich ständig, und das ist auch gut so.

Ihr Grundstatus

Jetzt kennen Sie die verschiedenen Statuskombinationen, die in jeder Interaktion mit anderen Menschen (oder einer Gruppe) auftreten. Auch wenn wir uns je nach Gegenüber, Situation, Tagesform und je nachdem, worum es geht, anders fühlen und damit in einem anderen Status befinden, so hat jeder von uns einen Grundstatus. Das ist der Statusbereich, in dem man sich üblicherweise bewegt.

Vereinfacht gesagt gibt es Menschen, die sich generell im Tiefstatus befinden, und andere, die immer im Hochstatus sind. Das äußert sich dann beispielsweise in diesen Grundüberzeugungen:

Innerer tiefer Grundstatus	Innerer hoher Grundstatus
• Der andere hat recht.	• Ich habe recht.
• Bestimmt war es meine Schuld.	• Der andere war schuld.
• Ich habe nichts beizutragen.	• Ich habe etwas zu sagen!
• Erst sehen, was andere meinen.	• Ich finde/Meiner Meinung nach …

Auch wenn es solche starken Grundtendenzen gibt, gilt für die meisten von uns, dass wir in unserem Leben je nach Rolle einen anderen Grundstatus leben. Hier zwei Beispiele:

- Eine Frau nimmt zu Hause bei ihren Kindern automatisch den Hochstatus ein, indem sie ihre Erziehungsrolle – „Die Mama hat das Sagen" – positiv für ihre Kinder auslebt. Aber gegenüber der sehr dominanten Freundin ist sie automatisch im Tiefstatus.

- Ein Mann, der schon lange in seiner Position tätig ist, ist gegenüber den Kollegen im Hochstatus, weil er sich besser auskennt und überlegen fühlt. Doch wenn sich ein Kunde lautstark beschwert, nimmt er automatisch den Tiefstatus ein.

Für Ihre Präsenz ist es sehr wichtig, dass Sie sich Ihres Grundstatus bewusst werden. Eine gute Möglichkeit dafür ist es, Ihr unmittelbares Umfeld – also Ihre Rollen – einmal daraufhin zu überprüfen.

SELBST-CHECK:
IHR STATUSVERHALTEN IM ENGEREN UMFELD

Sie brauchen ein paar Blätter Papier (DIN A4 oder größer) und einige Buntstifte.

Schritt 1: Ihre Lebensbereiche

Ihr Leben teilt sich in verschiedene Bereiche auf. Bei den meisten Menschen gibt es vor allem folgende Bereiche:
- Partnerschaft/eigene Familie
- Ursprungsfamilie und Verwandtschaft
- Beruf
- Freundeskreis
- weitere soziale Kontakte: Bekannte, Nachbarn usw.
- Hobby, Freizeit

Nehmen Sie jeweils ein Blatt Papier im Querformat und schreiben Sie ganz oben als Überschrift den jeweiligen Lebensbereich auf. Wenn Sie berufstätig sind, gibt es also ein Blatt „Beruf". Leben Sie in einer Beziehung, gibt es ein Blatt „Partnerschaft", beziehungsweise wenn Sie eine eigene Familie haben, ein Blatt „Meine Familie".

Lassen Sie weg, was nicht zutrifft, und ergänzen Sie, wenn etwas fehlt (z. B. wenn Sie sich ehrenamtlich in verschiedenen Vereinen oder Initiativen engagieren).

Schritt 2: Die Rollen, die Sie einnehmen

Gehen Sie nun Ihre Lebensbereiche durch und notieren Sie auf dem jeweiligen Blatt, welche Rollen Sie jeweils konkret einnehmen. In einigen dieser Bereiche – besonders den privaten – können Sie bereits Personen konkret zuordnen. Ihr Blatt „Meine Familie" könnte beispielsweise so aussehen:

	Meine Familie		
Person:	Michael	Claudia	Stefan
Meine Rolle:	Partnerin	Mutter	Mutter

Das machen Sie für jeden Ihrer Lebensbereiche. Lassen Sie unten genug Platz in den Tabellen, weil wir diese noch ergänzen werden. Denken Sie dabei auch an grundsätzliche Rollen wie z. B. „Mitarbeiter" im Verhältnis zum Chef oder „Kollege" im Verhältnis zum Rest der Belegschaft.

Mögliche Rollen könnten sein:
- Vater, Mutter, Sohn, Tochter, Bruder, Schwester
- Angestellter, Vorgesetzter, Kollege
- Gremienmitglied, Politiker
- Kunde, Verkäufer
- Freund, Bekannter, Nachbar

Schritt 3: Ihr Status

Je nachdem, welche Rolle Sie gerade erfüllen, unterscheiden sich auch Ihr gefühlter (innerer) und gezeigter (äußerer) Status. Betrachten Sie jede einzelne Ihrer Lebensrollen und überlegen Sie sich:

- Was ist mein innerer Status dieser Person gegenüber?
- Wie verhalte ich mich äußerlich (Statusverhalten)?

Bitte seien Sie ehrlich mit sich! Es kann gut sein, dass Sie sich bei einigen dieser Rollen nicht wohlfühlen, wenn Sie z. B. merken, dass Sie einer bestimmten Person gegenüber grundsätzlich im Hochstatus sind oder sich anderen Menschen Ihres Umfelds gegenüber automatisch in den Tiefstatus begeben. Aber darum geht es ja: dass Sie eine klare Ist-Analyse machen, auf der Sie aufbauen können!

Diese Notizen könnten z. B. so aussehen:

	Mein Beruf							
Person:	Frank (Chef)		Marion		Stefan		Herr Meier	
Meine Rolle:	Mitarbeiter		direkte Kollegin		direkter Kollege		Buchhaltung	
Mein Status:	innen: tief	außen: hoch	innen: hoch	außen: tief	innen: hoch	außen: hoch	innen: tief	außen: tief

In diesem Beispiel fühlt sich die Person dem Chef und Herrn Meier von der Buchhaltung gegenüber im Tiefstatus, während sie gegenüber den direkten Kollegen in einem inneren hohen Status ist. Auch das Verhalten, das sie nach außen zeigt, ist unterschiedlich. Gegenüber dem Chef tut sie so, als sei sie im Hochstatus, um den inneren Tiefstatus zu überspielen. Gegenüber Kollegin Marion geht sie bewusst in den Tiefstatus (was das für einen Sinn hat, dazu kommen wir gleich noch). Und gegenüber dem Kollegen Stefan und Herrn Meier entspricht das nach außen vermittelte Verhalten dem innerlich gefühlten Status.

Überprüfen Sie Ihre eigenen Notizen auch darauf, ob Sie Muster erkennen.

So hat unsere Beispielperson vielleicht ein Autoritätsproblem und siedelt sich gegenüber Leuten höherer Hierarchie automatisch tiefer an, während sie sich gegenüber Kollegen gleichgestellt oder sogar überlegen fühlt.

Schritt 4: Die qualitative Bewertung – Ihr Grundstatus

Schon beim Ausfüllen Ihrer Tabellen wird Ihnen das eine oder andere Mal ein Licht aufgegangen sein. Denn Sie sehen bereits jetzt, wie oft Sie im Alltag Ihren Status wechseln.

Dennoch zeigen sich bei dieser Analyse klare Tendenzen, etwa weil Sie besonders oft den Tief- beziehungsweise den Hochstatus fühlen oder sich so verhalten. Diesen „Grundstatus" ermitteln wir u. a. mit der folgenden Übung.

Nehmen Sie Ihre Farbstifte zur Hand und machen Sie sich nun pro Bereich, aber auch Lebensbereich übergreifend auf die Suche nach Mustern:
- Gehen Sie erst Ihren inneren (also gefühlten) und dann den äußeren (also gezeigten) Status durch: Sind Sie besonders oft im Tief- oder im Hochstatus?
- Merken Sie, dass in bestimmten Lebensbereichen der Tief- oder Hochstatus dominiert (entweder nur der innere oder auch Ihr nach außen gezeigtes Statusverhalten)? Markieren Sie beim Durchgehen auch direkt, mit welchen Statuskombinationen Sie zufrieden sind, in welchen Sie sich als präsent erleben oder was Sie als ungut empfinden und dringend verändern möchten.
- Markieren Sie alle gleichen Kombinationen, z. B. innen hoch/außen hoch oder innen hoch/außen tief usw. mit der gleichen Farbe. Die Kombinationen, die sich besonders häufig zeigen, geben Ihren Grundstatus wieder.

So beeinflussen Sie Ihren Status

Nun gibt es viele Einflussgrößen auf Ihren Status, die entweder in Ihren inneren Überzeugungen begründet sind oder von außen an Sie herangetragen werden. Lassen Sie uns also schauen, was Sie beeinflusst und wie der bewusste Umgang damit Ihrem Status zuträglich ist.

Senker und Heber Ihres Grundstatus

Unser Grundstatus wird beeinflusst von inneren Bremsen (siehe Kapitel „Klischees aus dem Weg räumen und Bremsen lösen") und von unserer Selbstakzeptanz (siehe Kapitel „Ein starkes inneres Leitbild als Fundament"). Beides wird natürlich auch von außen mitgestaltet. Denn wir sind ja durch unsere Mitmenschen geprägt.

Dementsprechend senken – beziehungsweise heben – folgende Faktoren unseren inneren Grundstatus:

Senker ↓	Heber ↑
Negative Überzeugungen (Klischees, Glaubenssätze, Blockaden)	Ein gesunder Selbstwert (sich selbst annehmen)
Unfaire, zu allgemeine und nachteilige Vergleiche mit anderen	Konstruktives Sich-selbst-Hinterfragen und -Weiterentwickeln
Fokus auf eigenen Schwächen und angenommenen Defiziten	Fokus auf Stärken und deren gezielten Einsatz
Menschen, die dominieren (klein machen), demotivieren, uns runterziehen und Makel suchen	Menschen, die uns unterstützen, fördern und fordern, motivieren, eine lösungsorientierte Haltung haben

Jetzt habe ich eine wunderbare Nachricht für Sie: Alleine das Reduzieren und idealerweise Abstellen der Senker hebt Ihren Grundstatus! Sie brauchen sich also noch nicht mal gezielt den Statushebern zu widmen, wenn Sie diese gerade noch nicht zur Verfügung haben oder als zu schwierig empfinden. Es reicht völlig, wenn Sie sich die

Senker vornehmen, indem Sie die ersten beiden Kapitel dieses Buches wirklich durcharbeiten und beherzigen. Damit haben Sie schon genug zu tun und mit jeder konkreten Aktion arbeiten Sie automatisch an einem höheren Grundstatus – und damit mehr Sichtbarkeit. Denn diese innere Statusveränderung wirkt automatisch nach außen.

Ein Beispiel *Nehmen wir an, jemand denkt von sich „Ich bin nicht gut genug". Damit hält er sich innerlich im Tiefstatus: Er strahlt diese Unsicherheit auf vielfältige Weise aus, etwa, indem er sich erst gar nicht für Dinge meldet, nach außen sehr zögerlich auftritt, sich oft rückversichert, ob das, was er tut, auch wirklich stimmt, und natürlich auch durch unsichere Körpersprache, Stimme und Sprechweise.*

Nun gibt es die Möglichkeit, nach außen einen Hochstatus vorzu-täuschen, also zu versuchen, den Tiefstatus zu überspielen. So über-spielen sehr unsichere Menschen ihre Zurückhaltung gerne mal mit einer betonten Selbstsicherheit, die andere als Überheblichkeit deu-ten, wie dies im „Schnell-ins-Trockene"-Beispiel auch der Fall war. Wenn der Grundstatus aus Überzeugung tief ist – und nicht einfach mal kurz durch die Tagesform oder einzelne Personen gedrückt –, dann ist es wichtig, echte Statusheber zu nutzen und nicht einfach nur nach außen einen Hochstatus vorzutäuschen. Der gehemmte Mensch kommt vom Regen in die Traufe, wenn er sich innerlich unsicher fühlt, aber nach außen arrogant wirkt. Viel wichtiger ist bei einem verinnerlichten Tiefstatus, der durch mangelnde Selbstakzeptanz ver-ursacht ist, am Selbstbild und der Selbstwertschätzung zu arbeiten, um ein stabiles neues Fundament zu schaffen.

MERKSATZ

Allein das Reduzieren oder Abstellen der Senker hebt den Grundstatus.

Bewusst nach außen einen anderen Status zeigen

Es gibt aber durchaus Situationen, in denen es vorteilhaft ist, nach außen einen anderen Status zu zeigen. Das möchte ich Ihnen an zwei Beispielen verdeutlichen.

Beispiel 1 *Angenommen, Sie fühlen sich großartig. Gerade haben Sie von Ihrer Beförderung und Gehaltserhöhung erfahren. Sie strotzen vor Stolz und Selbstbewusstsein und wollen am liebsten, dass die ganze Welt sofort davon erfährt. Ein Kollege dagegen hat gerade erfahren, dass seine Abteilung aufgelöst wird und er sich wahrscheinlich einen neuen Job suchen muss. Wie würden Sie sich Ihrem Kollegen gegenüber verhalten?*

Mit großer Wahrscheinlichkeit werden Sie sich trotz Ihres inneren Jubels zurücknehmen und statt mit geschwellter Brust über Ihren Erfolg zu berichten, werden Sie sich dem Problem des Kollegen widmen und sich stimmungsmäßig auf ihn einstellen.

Sie sind im inneren Hochstatus und senken gezielt Ihren äußeren Status herab, damit kein Statusunterschied zwischen Ihnen entsteht. Das nennt man Empathie und situationsangemessenes Verhalten. Es würde schlichtweg nicht passen, wenn Sie jetzt Ihren Hochstatus zur Schau tragen würden.

Beispiel 2 *Sie sind Trauzeugin auf der Hochzeit Ihrer besten Freundin. Ihnen ist es wirklich wichtig, dass sie die Hochzeit bekommt, von der sie schon immer geträumt hat. Zu diesem Traum gehört auch Ihre Rede. Zum ersten Mal im Leben müssen Sie auf einer Bühne stehen und zu 200 geladenen Gästen sprechen. Sie fühlen sich ganz elend, haben panische Angst davor. Sie würden am liebsten in Tränen ausbrechen und davonlaufen.*

Doch das geht nicht. Sie nehmen sich also zusammen und konzentrieren sich auf das, was wirklich wichtig ist: nämlich Ihre beste Freundin. Dann marschieren Sie tapfer auf die Bühne. Als Ihre sehr persönliche Ansprache mit tosendem Beifall quittiert wird, gehen Sie mit zitternden Knien, aber stolz und erleichtert von der Bühne.

Trotz Ihres inneren Tiefstatus haben Sie sich überwunden und sich einer exponierten Position gestellt und somit im Hochstatus gezeigt. Hätten Sie dagegen Ihrem inneren Gefühl nachgegeben, wäre dies nicht möglich gewesen.

Sie sehen: Nicht immer zeigen wir das, was innen ist, auch außen – und das ist auch gut so!

Sie können also präsent sein, auch ohne dass Ihr innerer Status mit dem äußeren übereinstimmt. Das ist dann der Fall, wenn Sie ein klares Ziel vor Augen haben und den anderen und der Situation auf Augenhöhe begegnen und sich auf das einlassen, was um Sie herum geschieht.

Mit der Status-Wippe auf Sympathiekurs gehen

Doch wie klappt das mit der Augenhöhe? Auf Augenhöhe sein bedeutet, dass Sie sich selbst und die Menschen, mit denen Sie es zu tun haben, als gleichwertig ansehen und mit ihnen von Gleich zu Gleich kommunizieren. Dabei geht es nicht darum, den anderen etwas vorzugaukeln, was nicht da ist, sondern es geht um ein echtes Interesse an anderen Menschen und um das Bemühen, deren Sicht auf die Welt nachzuvollziehen.

Damit sind wir bei der Status-Wippe. Sie wissen ja bereits, dass in jeder Begegnung mit anderen der Status mitschwingt: Jeder der

Anwesenden hat seinen inneren Status, der auf dem Grundstatus und der aktuellen Situation beruht. Und alle zeigen nach außen ein gewisses Statusverhalten. Sie wissen auch, dass dieser Status sich innerhalb des Gesprächs mehrfach ändern kann.

Status-Wippe bedeutet nun, dass Sie sozusagen hinter den Vorhang blicken und aufmerksam darauf werden, in welchem Status der andere gerade ist. Denn wenn Ihnen das gelingt, können Sie Ihr eigenes Statusverhalten anpassen, um den Statusunterschied zum Gesprächspartner möglichst gering zu halten. Das heißt, man will weder den anderen dominieren noch sich selbst unterwerfen. Wer „wippt", geht mit dem anderen eine Beziehung ein, sorgt für Wertschätzung und Sympathie. Schauen wir uns dazu folgende Situation an:

Ein Beispiel *Bei der Lieferung eines Pakets ist etwas schiefgelaufen. Stinksauer rufen Sie die Hotline an: „Also, wenn Sie mich zur Weißglut bringen wollten, dann haben Sie es geschafft, gratuliere! Es ist doch unfassbar! Sie haben mir doch tatsächlich ganz was anderes geliefert, als ich bestellt habe. Mein Name ist Müller und meine Kundennummer ist 12345. Sehen Sie zu, dass Sie das Problem lösen!"*

Sie treten im Hochstatus auf, denn Sie sind aus Ihrer Sicht erstens im Recht und zweitens der Kunde. Ob absichtlich oder im Affekt: Mit so einem Angriff und Befehlston erheben Sie sich über den Callcenter-Mitarbeiter. Jetzt kommt es darauf an, welchen Status dieser gerade für sich beansprucht.

Nehmen wir an, er reagiert eisig: „Nicht in diesem Ton! – So. Ich sehe gerade, dass wir das verschickt haben, was Sie bestellt haben; es liegt eine E-Mail-Bestellung von Ihnen vor. Damit ist für mich die Sache erledigt."

Der Mitarbeiter fühlt sich schlecht behandelt, akzeptiert Ihren Angriff nicht, hält dagegen und geht ebenso in den Hochstatus. Wenn Sie jetzt weiter auf Ihrem Hochstatus beharren, entbrennt ein Status-Kampf: Sie krachen aneinander, der Wortwechsel schaukelt sich immer weiter auf. Anstatt den Konflikt zu lösen, streiten Sie miteinander. Interessanterweise kommt man aus so einem Status-Kampf oft nicht mehr heraus, wenn nicht einer bewusst die Führung übernimmt. Es ist Ihnen bestimmt schon einmal passiert, dass Sie während so eines Streits gedacht haben: „Was machen wir hier eigentlich? Ich wollte/will das doch gar nicht."

Hier kommt das Prinzip der Status-Wippe zum Tragen. Hier geht es wie gesagt darum, den Unterschied zum Status Ihres Gegenübers so klein wie möglich zu halten. Doch das ist natürlich nicht alles! Denn unser Hotline-Mitarbeiter oben hat ja genau das getan: Weil Sie als wütender Kunde in den Hochstatus gegangen sind, hat er seinen eigenen Status angeglichen. Doch jetzt sind beide im Hochstatus. Um eine Win-win-Atmosphäre zu erreichen, brauchen wir jedoch die gesunde Augenhöhe. Es geht nicht um Über- oder Unterlegenheit und nicht um Machtkämpfe.

Sie merken an der pampigen Reaktion des Mitarbeiters, dass er zumacht. Sie wollen aber wie die meisten Menschen keinen Streit. Also beschließen Sie, auf konstruktivere Weise in Führung zu gehen und Ihr Gegenüber wertschätzend anzusprechen. Schließlich ist es kein Lakai, sondern ein Mensch, der nur seine Arbeit macht. Sie sagen freundlich: „Bitte entschuldigen Sie, dass ich eben überreagiert habe und Sie unfreundlich angegangen bin. Ich weiß, dass Sie nichts dafür können. Ich habe Ihren Namen nicht verstanden, können Sie ihn mir bitte verraten?"

Mit dieser Reaktion erreichen Sie zwei Dinge: Einerseits sorgen Sie dafür, dass kein Statusunterschied zwischen Ihnen zu spüren ist („Ich bin der Kunde, du machst jetzt, was ich dir sage"). Andererseits geben Sie durch Ton und Inhalt ein wertschätzendes Miteinander vor. In 99 Prozent der Fälle folgt Ihr Gegenüber, wenn Ihr Verhalten aufrichtig ankommt. Mit einer dahingepfefferten Pseudoentschuldigung, die als reine Taktik empfunden wird, wären Sie dagegen nach wie vor in einem sich über den anderen erhebenden Hochstatus.

Da Sie sich ehrlich entschuldigen und nun erst einmal so aufmerksam sind, sich nach dem Namen zu erkundigen, folgt Ihr Gegenüber Ihnen auf die Augenhöhe: „Ist schon gut. Ich heiße Franz Meier."

Sie bitten ihn freundlich: „Herr Meier, ich brauche Ihre Unterstützung. Wie Sie selbst gesagt haben, habe ich x bestellt. Bekommen habe ich aber y. Da ist irgendetwas schiefgelaufen – vielleicht war es falsch etikettiert. Was machen wir jetzt am besten?"

Sie übernehmen weiterhin die Führung. Doch am Ende übergeben Sie den Ball an den anderen, indem Sie ihn als Experten um Unterstützung bitten. Jetzt wird Herr Meier die Führung übernehmen, indem er Ihnen zur Hilfe eilt.

So wird das Gespräch hin- und hergehen: Sie stellen Fragen und wollen es genau wissen – Sie haben die Führung. Herr Meier gibt Ihnen Hinweise und beantwortet Ihre Frage – er hat die Führung.

Die Status-Wippe lebt also vom wechselseitigen Führen und Folgen – wie beim Paartanz: Da geht es mal einen Schritt nach vorn, mal zurück, wieder vor, wieder zurück usw.

- Macht einer nur Schritte nach vorn und der andere nur zurück, läuft man als Paar bald gegen die Wand (einer dominiert, der andere unterwirft sich).

- Machen beide jeweils einen Schritt nach vorn, geraten sie aneinander (Status-Kampf).
- Machen beide nur Schritte nach hinten, gehen sie so weit auseinander, dass sie kein Paar mehr sind (keine Beziehung).

Weil der Status von zwei Menschen niemals gleich sein kann, gibt es immer jemanden, der führt – im Tanz wie in der Kommunikation: Einer geht vor, der andere muss zurück, und dann andersherum. Kommt dieser gemeinsame „Tanz" richtig in Fluss, dann ist das Miteinander von Leichtigkeit geprägt und beide Partner gehen aufeinander ein. Die Person, die führt, ist dabei auch automatisch die präsentere.

Wenn Sie mehr über Status erfahren wollen, empfehle ich Ihnen mein Buch „30 Minuten Selbstbehauptung" (siehe Anhang).

MERKSATZ

Die Status-Wippe ist wie ein Paartanz: Mal geht es vorwärts, mal zurück. Sie lebt vom wechselseitigen Führen und Folgen.

Status zum Raum

Status wirkt nicht nur im Verhältnis zu Personen, sondern auch im Verhältnis zum Raum. Nichts senkt den eigenen Status so sehr wie eine merkliche Ehrfurcht vor (oder das Nichtbeherrschen von) Räumen, Gegenständen und genutzten Geräten. Und nichts hebt Ihren Status so eindeutig wie ein souveräner Umgang mit den Räumen und Dingen darin.

Denken Sie nur an die unterschiedliche Wirkung zweier Personen, die zu spät zu einer Sitzung kommen:

- Die erste Person klopft fast unhörbar an die Tür, macht sich ganz klein und schleicht sich möglichst unauffällig rein. Sie schiebt den Stuhl vorsichtig und möglichst geräuschlos zur Seite, als ob er aus Glas wäre.
- Die zweite Person kommt mit einem freundlichen Lächeln rein, begrüßt die Anwesenden mit Blickkontakt und einem Nicken, um nicht zu stören, und steuert zielgerichtet ihren Platz an.

Beide haben nichts gesagt – und trotzdem strahlt die zweite Person von der ersten Sekunde an eine selbstbewusste Präsenz aus.

Sie strahlen umso mehr Ruhe, Sicherheit, Souveränität und damit Präsenz aus,

- je entspannter und sicherer Sie sich im Raum bewegen,
- je selbstverständlicher Sie mit Gegenständen umgehen,
- je mehr Raum Sie in Anspruch nehmen,
- je gelassener Sie sitzen/stehen,
- je ruhiger und „voller" Sie sprechen,
- je aufmerksamer Sie sich anderen zuwenden und zuhören,
- je (selbst)bewusster Sie Gesten einsetzen und ausführen.

Damit sorgen Sie dafür, dass Sie sich, noch bevor Sie in Kontakt mit anderen kommen, bereits sichtbar gemacht haben.

Nonverbale Präsenz im Raum einüben

Diese nonverbale Präsenz im Raum kann man wunderbar einüben. Es funktioniert sogar, wenn Sie einfach so tun, als ob. Ich erkläre Ihnen gleich, was damit gemeint ist. Bleiben wir zunächst bei allem, was Sie vorab tun können, um sich selbstsicher im Raum zu bewegen:

Planen Sie für wichtige Gespräche ein Heimspiel   Jeder fühlt sich sicherer in bekannter Umgebung. Darum ist es vorteilhaft für Sie, wenn Sie Besprechungen oder Verhandlungen in den eigenen vier Wänden führen, etwa ein Kundengespräch im Besprechungsraum Ihres Unternehmens und nicht beim Kunden, eine Unterredung mit dem Projektleiter in Ihrem eigenen Büro statt in seinem. Oder Sie bestimmen das Lokal für das Geschäftsessen und wählen eines aus, das Sie gut kennen und mögen.

Machen Sie sich bei fremden Orten vorab mit der Umgebung vertraut
Kommen Sie früher an und akklimatisieren Sie sich. Wenn Sie selbst einen Vortrag halten oder ein Training durchführen, dann besichtigen Sie nicht nur den Raum, sondern stellen sich auch schon mal nach vorne auf die Bühne. Durchschreiten Sie das Zimmer. Nehmen Sie die Perspektive der Zuhörer wahr. Wenn Sie als Teilnehmer zu einer Veranstaltung gehen, lassen Sie sich die Örtlichkeit zeigen, erkunden Sie, wo Restaurant, Toiletten etc. sind.

Noch besser: Machen Sie sich den Raum – oder Platz – zu eigen   Wenn Sie federführend sind, richten Sie sich die Örtlichkeit so her, wie Sie es brauchen. Moderieren Sie eine Besprechung, rücken Sie das Flipchart von rechts nach links oder verschieben Sie Tische und Stühle. Als Teilnehmer können Sie dafür sorgen, früh genug zu kommen, um sich Ihren Platz selbst auszusuchen und nicht den letzten nehmen zu müssen, der da ist. Rücken Sie auch hier den Platz zurecht, z. B. wenn Sie das Gefühl haben, zu nah am Nebenmann zu sitzen, oder wenn die Sonne blendet. Bringen Sie geliebte Accessoires mit, und wenn es nur Ihr eigener Block ist oder eine Kaffeetasse.

Lassen Sie sich die Technik zeigen   Der Kaffeeautomat, der Beamer, der komplizierte Hightech-Kopierer, die Lichtschalter-Batterie eines großen Saals, das Mikrofon ... wann immer Sie mit Technik konfrontiert sind, machen Sie sich vorab damit vertraut. Sind es Geräte, die Sie öfter nutzen, legen Sie sich entweder selbst eines zu oder nehmen Sie bei teuren, komplizierten Geräten ein paar Einführungsstunden bei einer Fachkraft. Geht es um eine einmalige Nutzung, etwa bei einer Veranstaltung, lassen Sie sich die Bedienung zeigen und sorgen Sie dafür, dass Sie die Telefonnummer von jemandem bekommen, der bei einem Problem sofort herbeizitiert werden kann. Wahrscheinlich läuft eh alles glatt, aber so sind Sie viel entspannter – und damit sicherer.

Machen Sie Ihre Körpersprache selbstbewusster Das ist der wichtigste Trick, denn unser Körper ist sehr eng mit unseren Gefühlen verbunden:

- Wenn wir den Rücken gerade machen, den Blick aufmerksam vor uns richten und selbstbewusst gehen, strahlen wir nicht nur Sicherheit aus, wir fühlen uns auch sicher.

- Auch das Anklopfen und Türöffnen lässt sich üben. Sind Sie also eher ein Mäuschen, wenn Sie einen Raum betreten, dann üben Sie an Ihrer Wohnzimmertür zu Hause, indem Sie zweimal laut und kurz klopfen, dann die Klinke selbstbewusst drücken und mit einigen festen Schritten in den Raum gehen. Das mag für einige von Ihnen albern klingen, weil Sie kein Problem damit haben, aber es sind genau solche Kleinigkeiten in der Körpersprache, die einen riesigen Unterschied machen, wie Sie wirken und sich gleichzeitig völlig anders fühlen. Ihre Körpersprache hebt tatsächlich den äußeren Status.

- Bitte achten Sie auch auf Ihre Kleidung. Nicht nur daraufhin, ob Sie Ihnen gut passt, sondern ob Sie damit überhaupt selbstbewusst sitzen, stehen und gehen können. Gerade Frauen kleiden sich oft in einer Weise, die eine natürliche, selbstbewusste Körperhaltung verhindert: wenn der Schnitt des Rockes eine bestimmte Sitzweise diktiert oder man mehr damit beschäftigt ist, die Kleidung zu überprüfen oder zurechtzuzupfen. Auch Schuhe haben einen sehr großen Einfluss darauf, ob man relaxt, aufrecht und richtig gut geerdet stehen kann.

- Wer zum Zappeln neigt, richtet den Fokus ganz bewusst auf diese Gewohnheiten und greift korrigierend ein. Wildes Gestikulieren wird durch bewusste, dosiert eingesetzte Bewegungen ersetzt. Das unruhige Wippen mit dem Fuß, andauerndes Spielen mit Haaren, Ringen oder Halsketten, das ständige Verändern der Sitzhaltung wird unterbrochen. Ja, das ist ein Prozess, denn gerade Gewohnheiten brauchen etwas Aufmerksamkeit und Korrektur, bis man sie durch neue ersetzt. Aber Sie wissen ja schon: Bereits das Abstellen der kontraproduktiven Gewohnheiten bringt Ihnen eine Verbesserung. Wenn Sie merken, dass Sie wieder zappeln, achten Sie darauf und hören Sie auf damit.

- Und schließlich der Atem: Wenn man nervös ist, fühlt man sich flatterhaft, weil der ganze Körper in Unruhe ist. Das putscht alles auf, mit der Folge, dass man gleich weniger gut denken kann. Auch Stimme und Sprechweise verändern sich: Man spricht irgendwie atemloser und bei vielen wird die Stimme höher und dünner. Schon mit einigen wenigen ganz ruhigen, tiefen Atemzügen bis hinunter in den Bauch bringen Sie Ruhe in Ihren Organismus. Denn dieser muss dem Atem folgen!

Klingt alles gar nicht so schwer, nicht wahr? Aber ich weiß: In der Praxis sieht es oft ganz anders aus. Da denkt man an vieles nicht oder merkt dann erst, was noch alles mit reinspielt. Darum kommen wir nun zu sieben starken Regeln für mehr Sichtbarkeit, die alles, was wir bisher besprochen haben, auf machbare Prinzipien stellen.

IMPROVISIEREN LERNEN – 7 REGELN FÜR MEHR SICHTBARKEIT

Nachdem wir bis hierher die Grundlagen für mehr Sichtbarkeit und Präsenz gelegt haben, geht es nun an die praktische Umsetzung. Dazu gebe ich Ihnen sieben wirksame Regeln an die Hand, mit deren Hilfe Sie die Umsetzung üben und gleichzeitig Ihre Zuversicht stärken können. Sie bilden die Grundlage fürs Improvisieren.

Wenn Sie die Übungen in den vorigen Kapiteln gemacht haben, hatten Sie viele Aha-Effekte, Ihre Zuversicht ist gestiegen. Gleichzeitig meldet sich allmählich immer lauter ein Stimmchen: „Ja, aber ... wie kann ich das denn jetzt praktisch umsetzen? Ich bin ja immer noch dieselbe Person, eher leise und zurückhaltend. Auch wenn ich jetzt weiß, dass ich so bleiben kann, wie ich bin, muss ich ja doch aktiv werden."

Das stimmt. Bei Sichtbarkeit und Präsenz geht es darum, die Beziehung zu anderen Menschen zu gestalten. Und da weder das Leben noch die Menschen planbar sind, kann man auch Beziehungen nicht vorausplanen. Es geht also immer darum, zu agieren und zu reagieren, und das meist ohne große Vorbereitung.

Außerdem geht es in der Improvisation darum, Verantwortung für sich selbst und für das, was am Ende herauskommt, zu übernehmen. Einerseits, weil Sie entscheiden, wie Sie wahrgenommen werden, und andererseits, weil Sie bei jeder Begegnung einen Anteil daran haben, wie sie verläuft.

Deshalb schauen wir uns das Improvisieren näher an. Wer es übt, erarbeitet sich ein weiteres wertvolles Fundament, auf das er sich verlassen kann. Bei mir hat es mit dem Theaterspielen angefangen: Das Improvisationstheater hat mich nicht nur in meiner Sichtbarkeit einen Riesenschritt weitergebracht. Seitdem ich mich an der Improvisationsphilosophie orientiere, betrachte ich die Welt ganz anders. Es geht dabei um ein Lebensgefühl, eine innere Einstellung zu sich selbst, zur Welt und zum Miteinander. Es geht darum,

- das zu akzeptieren, was da ist,
- die Lust am Scheitern zu gewinnen,
- die eigene Komfortzone kennenzulernen und auszudehnen.

Die Kunst der Improvisation bewusst zu nutzen, das kann jeder lernen! Sie müssen es nur wollen. Paradoxerweise gelingt sie gerade dann am leichtesten, wenn man die zugrunde liegenden Regeln kennt. Diese Regeln hängen zusammen und bauen aufeinander auf:

DIE SIEBEN REGELN DES IMPROVISIERENS

Regel Nr. 1: „Ja, und …" Erkenne Angebote und nimm sie an!

Regel Nr. 2: Lass dich verändern!

Regel Nr. 3: Nimm dich und andere in den Fokus!

Regel Nr. 4: Wechsle die Perspektive!

Regel Nr. 5: Sei mittelmäßig!

Regel Nr. 6: Gewinne Lust am Scheitern!

Regel Nr. 7: Sorge für dich und hab Spaß!

Regel Nr. 1: „Ja, und …" Erkenne Angebote und nimm sie an!

Darum geht es: Das Leben besteht aus Angeboten. Sie zu erkennen und anzunehmen ist die Basis von Präsenz. Weist man Angebote von Haus aus zurück, blockiert man. Diese Blockaden gilt es zu identifizieren.

Im Improvisationstheater: Alles, was der Mitspieler sagt oder tut, ist ein Angebot, mit dem man die Geschichte vorantreiben kann. Der Kern liegt im „Prinzip Zustimmung". Man greift alles mit einer „Ja, und"-Einstellung auf. Zustimmung bedeutet nicht, dass man mit dem anderen einer Meinung ist, es besagt lediglich, dass man den Ball aktiv aufnimmt (statt sofort abzublocken) und ihn weiterspielt.

Der Kernaspekt davon im Leben ist: Eine Ja-Haltung einnehmen (statt Nein-Haltung). Das heißt, dass Sie aktiv aufgreifen, was sich Ihnen bietet, und dann entscheiden, ob und wie Sie damit umgehen. Es heißt nicht, dass Sie zum Jasager werden sollen! Sie sollten sich nur nicht vorschnell von Möglichkeiten abschneiden.

SELBST-CHECK:
GREIFEN SIE AUF ODER BLOCKEN SIE EHER AB?

Kreuzen Sie ehrlich an, was momentan eher zutrifft:

☐	Ich warte, bis ich gefragt werde.	Ich melde mich/mische mich ein.	☐
☐	Ich sage öfter Nein als Ja.	Ich sage öfter Ja als Nein.	☐
☐	Ich mache, was man mir sagt.	Ich drücke meinen Stempel auf.	☐
☐	Ich habe eher Bedenken.	Ich sehe eher Möglichkeiten.	☐
☐	Ich nehme Aufgaben nur an, wenn ich 110 % sicher bin, dass ich es kann.	Ich kenne mein Fachwissen und mein Know-how und vertraue darauf.	☐

Wenn die Kreuze eher links liegen, ist das nicht tragisch. Erstens stecken darin auch viele Stärken, zweitens werden Sie ja gerade aktiver!

Was dieses Prinzip für Ihr (Berufs-)Leben bedeutet

Ein Angebot ist nicht nur etwas, das Ihnen jemand offensiv anträgt mit „Willst du …"?, „Würden Sie …?", „Was ist deine Meinung zu …?" Tatsächlich lauern überall Angebote:

- Wenn ein Kollege von einer verfahrenen Situation mit dem neuen Kunden erzählt, kann es ein Angebot an Sie sein, mit dem Kollegen zusammen spontan Lösungsideen zu entwickeln.
- Oder wenn Ihr Chef ein spannendes Projekt zu vergeben hat, kann es ein Angebot an Sie sein, Ihre Kompetenzen endlich in dieser neuen Aufgabe auszuprobieren.

Hat man das Angebot erkannt, gibt es zwei Möglichkeiten, darauf zu reagieren: mit einer Ja- oder einer Nein-Haltung. Wenn Sie darauf reagieren, indem Sie Ihrem Kollegen spontan von Ihrer Idee für den Umgang mit dem Kunden erzählen oder Ihrem Chef gleich sagen, dass Sie das neue Projekt interessant finden und was Sie dafür qualifiziert, dann haben Sie das Angebot angenommen: Sie haben innerlich Ja dazu gesagt – und gehandelt.

Sie können aber auch innerlich Nein sagen, indem Sie Ihre Ideen dem Kollegen aus welchen Gründen auch immer vorenthalten oder schweigend zusehen, wie ein anderer das spannende Projekt übertragen bekommt. Meist blockieren wir, wenn die Bedenken überhandnehmen oder wir aus irgendwelchen Gründen beleidigt sind.

Wichtig Jeder von uns hat schon viele Angebote blockiert und dadurch Chancen nicht wahrgenommen. Im Neinsagen sind wir alle sehr gut. „Ja, aber…" ist übrigens ein kaschiertes Nein. Es geht hier also um wirkliche innere Offenheit, die es Ihnen ermöglicht, den Ball anzusehen, zu drehen und zu wenden – und dann aus dieser zugänglichen Haltung heraus eine Entscheidung zu treffen, was Sie damit machen.

Training: So können Sie diese Regel in Ihren Alltag integrieren/einüben

Nehmen Sie sich einen ganzen Tag vor, sich selbst zu beobachten. Wie oft sagen Sie innerlich und laut „Ja" zu den Angeboten, die Sie selbst erkennen oder die an Sie herangetragen werden? Und wie oft sagen Sie „Nein" oder „Ja, aber …"? Machen Sie zwei Strichlisten und vergleichen Sie sie am Ende des Tages. Was fällt Ihnen auf? Sind Sie eher ein Ja- oder Nein-Typ?

1. Klein anfangen Jetzt wollen wir im Kleinen das Jasagen üben. Suchen Sie sich dafür eine Alltagssituation, in der es um gar nichts geht. Der Supermarkt bietet sich dafür ausgezeichnet an. Bei Ihrem nächsten Einkauf nehmen Sie sich vor, unerfreuliche Situationen als ein Angebot zu sehen und innerlich Ja zu sagen, z. B.:

- Es gibt keine Kuhmilch im Regal? Was könnte das Angebot darin an Sie sein? Vielleicht, dass Sie auf Sojamilch umsteigen oder endlich die nette Verkäuferin fragen und so in ein Gespräch verwickeln.
- Eine Riesenschlange an der Kasse? Okay, was kann das Angebot darin sein? Vielleicht nutzen Sie die Zeit, um eine Kurzmeditation durchzuführen und danach Ihren Nachbarn in der Schlange kennenzulernen.

Machen Sie das immer wieder und dehnen Sie nach und nach Ihre Ja-Haltung auf alle möglichen Situationen im Leben aus.

2. Auf den Beruf ausdehnen Nun sind Sie bereit, Ihre Ja-Haltung im Beruf zu intensivieren. Fangen Sie in einer bestimmten Situation an, im Umgang mit Ihren direkten Kollegen immer mehr Angebote zu erkennen und anzunehmen. Dann dehnen Sie dies auf die Teamsitzungen aus und auf Ihr Gehaltsgespräch mit dem Chef. Sie werden sehen, dass sich plötzlich ganz neue Türen für Sie öffnen.

Das Video zu Regel Nr. 1:
www.humboldt.de/url/5001

Regel Nr. 2: Lass dich verändern!

Darum geht es: Angebote anzunehmen bedeutet sich auf Neues einzulassen. Dabei werden Sie mit Ihren Bedenken konfrontiert, lassen sich aber nicht abbringen. Ihre Veränderungsbereitschaft macht Sie beweglicher, Sie entdecken, wozu Sie in der Lage sind!

Im Improvisationstheater: In guten Geschichten wandelt sich der Protagonist vom Normalo zum Helden, man denke nur an Spiderman. Ein Held wächst mit den Herausforderungen, denen er sich immer wieder aufs Neue stellt, auch wenn er den Weg nicht immer weiß und Angst davor hat. Erst durch die Veränderung geht er aus jeder Aufgabe, die er bewältigt hat, gestärkt und selbstbewusster hervor.

Der Kernaspekt davon im Leben ist: Neues wagen (statt im Alten zu verharren). Wenn Sie sich auf das Neue einlassen, neue Angebote annehmen, werden Sie nicht darum herumkommen, aus alten Routinen auszubrechen. Dazu müssen Sie aber natürlich nicht alles, was Sie bisher getan haben, über den Haufen werfen. Wagen Sie sich einfach mit kleinen Schritten auf das Neuland.

SELBST-CHECK: WIE VERÄNDERUNGSBEREIT SIND SIE?

Kreuzen Sie an, was momentan eher zutrifft:

☐	Wenn ich eine neue Aufgabe habe, denke ich: „Ich schaffe das nicht".	An neue Aufgaben gehe ich freudig ran, ich bin mir sicher, dass ich das schaffe!	☐
☐	Ich traue mir nur das zu, was ich schon mal getan habe.	Ich probiere gern das aus, was ich noch nie getan habe.	☐
☐	Ich mag keine Überraschungen.	Neues macht das Leben spannend.	☐
☐	Ich fühle mich sicher, wenn alles in geregelten Bahnen läuft.	Ich vertraue auf mich selbst, darum kann ich mit Neuerungen umgehen.	☐
☐	Ich überlege und zaudere oft lange und lasse lieber meine Finger von Zielen, die mir zu schwer erscheinen.	Habe ich mich einmal entschieden, verfolge ich meine Ziele, auch wenn ich manchmal Angst habe.	☐

Was dieses Prinzip für Ihr (Berufs-)Leben bedeutet

Das ganze Leben ist Veränderung: Wir selbst entwickeln uns durch unseren Alltag, das Umfeld und besonders natürlich auch durch den Beruf. Und wir werden ständig von außen mit Veränderungen konfrontiert. Wer hier immer den Status quo beibehält, erschwert sich das Leben.

Der Schlüssel dazu, sich verändern zu lassen, ist das Bewusstsein, wie Sie bisher damit umgehen, dass etwas anders ist/wird. Denn wenn wir innerlich nicht bereit sind, blocken wir automatisch ab oder erschweren uns Veränderungen.

SELBST-CHECK:
SIND SIE EIN BEWAHRER, MITGEHER ODER ABENTEURER?

Bewahrer lieben den Status quo und mögen Veränderungen nicht gerne, auch wenn es Kleinigkeiten sind.

Mitgeher sind realistisch und offen. Sie nehmen Veränderungen als gegeben hin. Ihr Ziel: Das Beste draus zu machen und Chancen zu nutzen.

Abenteurern wird es schnell langweilig, sie suchen immer wieder die Abwechslung und streben danach, sich neu auszuprobieren.

Wenn Sie mit einer Veränderung konfrontiert werden, was ist Ihre erste innere Reaktion?

- Ich bin Bedenkenträger: Mir fallen sofort mögliche Hürden, negative Konsequenzen und viele kritische Fragen ein.
- Ich bin Faktensucher: Ich muss mich erst einmal orientieren, wie sicher das ist und was damit verbunden ist.
- Ich bin positiv eingestellt: Veränderungen haben schon ihren Sinn und sind sowieso oft nicht zu verhindern. Es entsteht meistens was Gutes daraus (bei unguten Veränderungen eben erst im Rückblick).
- Ich warte ab und trinke Tee, sprich, ich bleibe immer erst mal gelassen und harre der Dinge, die da kommen. Manchmal passiert eh nichts und wenn, dann schau ich es mir erst mal gelassen an.

Training: So können Sie diese Regel in Ihren Alltag integrieren/einüben

Nehmen Sie eine Woche lang wahr, wie Sie spontan auf Veränderungen reagieren: Der Freund sagt kurzfristig den lang geplanten Sportabend ab. Ihr Lieblingsessen im Restaurant gibt es nicht mehr. – Was ist Ihre erste Reaktion? Diese Reaktion löst bisher ein bestimmtes

Verhalten aus. Vielleicht lassen Sie den Freund Ihre Enttäuschung über die Absage spüren (Sie protestieren gegen die Veränderung). Oder Sie bitten den Koch, eine Ausnahme zu machen (Sie wollen den Status quo wiederherstellen). In Ihrem Training geht es nun darum, die bisherige automatische Kette zu verändern.

1. Dem inneren Selbstgespräch zuhören Nicht veränderungsfreudige Menschen reagieren mit starken Emotionen wie Angst, Frust, Trauer, Enttäuschung, Resignation oder gar Wut. Das passiert auch in Alltagssituation, z. B. wenn die Milch im Supermarkt aus ist: „Was soll ich denn jetzt machen?!" oder „Dieser Saftladen! Bestellt vor dem Wochenende nicht genug Milch!" Ihr Training besteht darin, diese innere Reaktion interessiert wahrzunehmen und vielleicht sogar darüber schmunzeln zu können: „Schau an! Ein Liter Milch bringt mich so aus der Fassung".

2. Ein neues Verhalten ausprobieren Im zweiten Schritt lenken Sie sich hin zur konstruktiven, neugierigen „Okay, was jetzt?"-Haltung. Im Supermarkt fragen Sie vielleicht das Personal, ob nicht doch noch Milch im Lager ist – wenn nicht, überlegen Sie, wo Sie sie alternativ herbekommen (beim Nachbarn oder an der Tankstelle). Sagt der Freund ab, sagen Sie ihm: „Schade! Ich hatte mich so darauf gefreut. Wann holen wir das nach?" Dann überlegen Sie wieder: „Okay, was jetzt?" Allein zum Sport gehen, mit jemand anderem – ist das nicht die Gelegenheit, mal was anderes zu machen?

Das Video zu Regel Nr. 2:
www.humboldt.de/url/5002

Regel Nr. 3:
Nimm dich und andere in den Fokus!

Darum geht es: Im gelungenen Miteinander geht es darum, dass sich alle Beteiligten aktiv einbringen und einander gut dastehen lassen.

Im Improvisationstheater: Die Aufmerksamkeit der Zuschauer richtet sich vorwiegend auf denjenigen, der gerade spricht oder handelt. Je deutlicher die Spieler den Fokus geben und nehmen, desto klarer ist die Szene und desto besser können sie aufeinander eingehen. Fallen sie sich dagegen ständig ins Wort und versuchen sich gegenseitig zu überbieten, ist die Szene chaotisch. Agiert nur einer, während sich die anderen ständig im Hintergrund halten, wird es schnell langweilig. Die Bühne lebt von der Interaktion aller Beteiligten.

Der Kernaspekt davon im Leben ist: Sich aktiv einbringen (statt sich bedeckt zu halten), sich Raum nehmen. Das heißt erstens, dass Sie die Aufmerksamkeit anderer annehmen und auch selbst aktiv den Fokus auf sich ziehen, statt abzuwiegeln und den Ball vorschnell wieder abzugeben. Und es heißt zweitens, dass Sie anderen Ihre Aufmerksamkeit schenken. So gestalten Sie Beziehungen aktiv mit.

SELBST-CHECK:
WIE STEHT ES UM IHREN FOKUS?

Kreuzen Sie an, was momentan eher zutrifft:

☐ Ich bin zurückhaltend mit Lob und nehme es nicht gut an.	Ich freue mich riesig über Erfolge anderer und lobe sie.	☐
☐ Ich beanspruche die meiste Redezeit. Oder: Ich melde mich kaum zu Wort.	Meine Gespräche sind ausgewogen: Mal rede ich, mal der andere.	☐
☐ Ich unterbreche oft. Oder: Ich überlege innerlich, was ich gleich sagen werde.	Ich bin ein aufmerksamer Zuhörer und knüpfe an die Dinge an.	☐
☐ Ich kümmere mich um meine Dinge. Vorschläge oder Meinungen sehe ich als Einmischung und weise sie zurück.	Ich beziehe Standpunkte anderer immer mit ein und bin begeistert über andere/neue Ansätze.	☐
☐ Ich mache bei Gesprächen oft etwas nebenbei (E-Mails checken, etwas notieren ...).	Ich wende mich anderen immer ganz zu und halte viel Blickkontakt.	☐

Was dieses Prinzip für Ihr (Berufs-)Leben bedeutet

Der Fokus ist das Herzstück der Präsenz. Kein Wunder, wir brauchen es nur mal wörtlich zu nehmen: Präsent sein bedeutet anwesend, ganz da, gegenwärtig, verfügbar sein.

Präsenz zeigt sich in erster Linie durch Ihren Fokus: Sind Sie in diesem Moment mit Ihrer Aufmerksamkeit wirklich ganz da? Wer die Anwesenden aufmerksam wahrnimmt, vermittelt ihnen das Gefühl, gesehen – und respektiert – zu werden: „Ich und meine Ansichten sind wichtig. Jemand schenkt mir seine ungeteilte Aufmerksamkeit." So steigern Sie auch ohne Worte Ihre Sichtbarkeit.

Leider ist dieser Fokus eher selten: Jeder ist mit sich selbst beschäftigt, die Gedanken driften ab und ständig wird nebenbei etwas im Tablet-PC nachgeschaut oder schnell mal eine SMS geschrieben. Doch auch die eigene Unsicherheit blockiert. Denken Sie nur an die Vorstellungsrunden in einem Seminar: Da hören die meisten nicht zu, was andere von sich sagen, weil ihnen das Herz klopft und sie überlegen: „Gleich komm ich dran, was sage ich bloß?"

Beim Fokus geht es darum, Ihre absolute Aufmerksamkeit auf die Sache, die Menschen zu richten, mit denen Sie gerade zu tun haben. Stellen Sie sich den Fokus wie ein Spotlight vor, das immer auf eine Sache gerichtet wird.

- Spielen Sie mit Ihren Kindern, dann tun sie nur das und lassen sich auf die Fragen und Vorschläge Ihres Kindes ein (denken Sie auch an das „Ja, und …" aus Regel Nr. 1, um die Dinge sich entwickeln zu lassen).
- Telefonieren Sie, dann sitzen Sie einfach nur da und lauschen aufmerksam, anstatt nebenbei die Spülmaschine auszuräumen oder etwas am PC zu tippen.
- In Gesprächen ist das Spotlight auf das gerichtet, was der andere sagt (und nicht auf das, was Sie gleich sagen werden, oder auf den Einkaufszettel).

Training: So können Sie diese Regel in Ihren Alltag integrieren/einüben

Das Training für den Fokus ist zweigeteilt – denn es geht ja um Geben und Nehmen. Picken Sie sich am besten abwechselnd immer an einem Tag das Geben und am anderen das Nehmen heraus. So gelingt es Ihnen selbst viel besser, einzelne Aspekte im Fokus zu behalten. Sobald wir unsere Aufmerksamkeit zerfasern, unterbrechen wir den Fokus. Und genau das wollen wir ja nicht mehr tun!

Hier einige Vorschläge, wie Sie das Fokusgeben und Fokusnehmen aktiv im Alltag üben können:

Fokus geben	Fokus nehmen
= Sie schenken anderen Ihre Aufmerksamkeit, beziehen sie ein und stellen sie ins Rampenlicht.	= Sie beanspruchen Redezeit, heimsen Lorbeeren ein, äußern aktiv Meinungen und Ideen.
Beispiele: • Werden Sie zu einem wirklich guten Zuhörer: Schenken Sie Ihrem Gesprächspartner Ihre hundertprozentige Aufmerksamkeit und zeigen Sie durch Blickkontakt, Körpersprache und Nachfragen, dass Sie ganz bei der Sache sind. Knüpfen Sie an das an, was gesagt wurde. • Nehmen Sie andere Standpunkte aktiv auf, weisen Sie sie nicht zurück. Lassen Sie auch kritische Stimmen zu Wort kommen. • Bedanken Sie sich bei anderen, wenn sie etwas toll gemacht haben. Begründen Sie ganz konkret, was daran so wunderbar ist. Loben Sie die Person vor anderen.	Beispiele: • Achten Sie in Gesprächen darauf, dass Sie etwa genauso oft/lange zu Wort kommen wie der andere: Das heißt, Sie gestalten das Gespräch aktiv mit, bringen sich ein, statt nur passiv zuzuhören und zu warten, bis Sie etwas gefragt werden. Bleiben Sie bei Unterbrechungen auf Kurs. • Lassen Sie andere von Ihren Standpunkten und Ideen profitieren. Bringen Sie sich aktiv ein, warten Sie nicht, bis Sie gefragt werden. Den Rahmen bestimmen Sie selbst. • Nehmen Sie Komplimente an, anstatt abzuwiegeln. Freuen Sie sich! Finden Sie auch, dass Ihnen das gut gelungen ist? Sagen Sie's! – „Ja! Finde ich auch!"

Das Video zu Regel Nr. 3:

www.humboldt.de/url/5003

Regel Nr. 4: Wechsle die Perspektive!

Darum geht es: Wir neigen dazu, zu denken, dass es nur eine, also unsere Sicht auf die Dinge gibt. Wenn man sich klar macht, dass eine andere Person die gleiche Situation völlig anders erleben kann, macht man sich frei von eingefahrenen Denkmustern.

Im Improvisationstheater: Auf der Bühne handeln die Spieler aus der Sicht der Person, die sie gerade verkörpern. Die muss rein gar nichts mit der Persönlichkcit dcs Schauspielers zu tun haben. Trotzdem sieht er die Welt in diesem Moment aus der Sicht seiner Figur. Besonders authentische Figuren entstehen, wenn die Spieler die ganze Gefühlswelt der Figur wirklich erleben.

Der Kernaspekt davon im Leben ist: Situationen aus verschiedenen Blickwinkeln betrachten (statt sich auf eingefahrene Denkmuster zu verlassen). Das bedeutet z. B., sich zu fragen, was ein anderer an Ihrer Stelle tun würde, etwa einer Ihrer Mentoren. Es heißt nicht, dass Sie sich vergleichen und hinterfragen sollen. Es ist nur wichtig, die eigene Meinung auch mal zu überprüfen.

SELBST-CHECK: WIE BEREIT SIND SIE, AUCH MAL EINEN ANDEREN BLICK ZU RISKIEREN?

Kreuzen Sie an, was momentan eher zutrifft:

☐	Das, was und wie ich es erlebe, ist Wahrheit.	Es gibt viele Seiten von Wahrheit, jeder hat irgendwie recht.	☐
☐	Ich weiß nicht, was andere an meiner Stelle tun würden.	Ich frage mich oft, was andere an meiner Stelle tun würden.	☐
☐	Ich halte mich für offen/tolerant, aber unter dem Strich halte ich meine Ansichten für richtig(er).	Auf andere Ansichten bin ich immer neugierig, vor allem wenn sie entgegensetzt zu meinen sind.	☐
☐	Ich weiß, was ich weiß.	Ich lerne gern von anderen.	☐
☐	Es gibt meist nur Ja oder Nein, A oder B, Schwarz oder Weiß.	Es gibt immer viele Alternativen und Grautöne. Oft kennt man sie nur noch nicht.	☐

Was dieses Prinzip für Ihr (Berufs-)Leben bedeutet

Für ein gutes Miteinander mit anderen Menschen – und für uns selbst –, ist es unglaublich wichtig, unseren Horizont für weitere Blickwinkel zu öffnen. Denn wenn Sie das tun,

- verhindern Sie, dass der innere Rollladen runtergeht, wenn Sie mit etwas nicht einverstanden sind. Dieses Abschotten unterminiert Ihre Sichtbarkeit, weil es zum Rückzug führt. Schlimmstenfalls beschädigen Sie Ihre Ausstrahlung, weil sich andere zurückgewiesen oder missachtet fühlen;

- können Sie Beziehungen stressfreier gestalten: Wer die Perspektive anderer anerkennt und verstehen möchte, sorgt dafür, dass der andere sich ernst genommen und angenommen fühlt. Außerdem können Sie zu Lösungen beitragen, mit denen alle Beteiligten zufrieden sind (Win-win-Lösungen);

- gelingt es Ihnen, die Emotionen von der Sachebene getrennt wahrzunehmen. Sei es bei privaten oder beruflichen Themen: Wenn es zu Meinungsverschiedenheiten kommt, kann man nur Lösungen erreichen, wenn man versteht, was zusätzlich zum Inhalt an Gefühlen mit reinspielt. Diese erschließen sich immer erst, wenn man den Blickwinkel des anderen wirklich einnehmen kann;

- steigern Sie Ihr Wissen, Ihre Flexibilität und Kreativität! Denn andere Persönlichkeiten bringen einen anderen Erfahrungsschatz und oft vollkommen fremde/neue Denk-, Verhaltens- und Vorgehensweisen ein. Sie können durch den Perspektivwechsel sogar die Stärken anderer anzapfen, z. B. wenn Sie sich fragen: „Wie würde meine Mutter (die sehr bodenständig und pragmatisch an die Dinge rangeht) mit dieser Situation umgehen?" oder sogar: „Was würde mein Haustier jetzt tun?" Kein Scherz! Meine Katze ist beispielsweise unglaublich selbstbewusst, nimmt ihre Bedürfnisse sehr ernst und fordert offensiv ein, dass ich mich darum kümmere.

Training: So können Sie diese Regel in Ihren Alltag integrieren/einüben

Diesmal beobachten Sie die Menschen in Ihrem Umfeld.

1. Verhalten beobachten Achten Sie einen Tag lang ganz intensiv darauf, wie sich andere verhalten. Seien Sie einmal ein neugieriger Forscher!

Stellen Sie sich vor, Sie haben einen besonders interessanten Käfer entdeckt und schauen jetzt näher hin. Dieses Bild ist deshalb wichtig, weil wir gerade bei Denk- und Verhaltensweisen oft automatisch bewerten. Unser Gehirn ist wahnsinnig schnell im Einordnen, Widersprechen, Kontern, Hinzufügen von eigenen Denkweisen. Das wollen wir aber gerade nicht. Unser Fokus (Regel 3!) liegt darauf, im Detail aufzunehmen, wie sich der andere im Moment verhält.

Notieren Sie sich alle Verhaltensweisen, die Ihnen bei den Menschen, die Sie beobachten, besonders auffallen. Es geht dabei darum, Neues wahrzunehmen und Bemerkenswertes festzuhalten. „Bemerkenswert" kann gut oder schlecht in Ihren Augen sein, es ist einfach etwas, was Ihnen besonders auffällt, z. B. wenn jemand offensichtlich denkt, dass seine Meinung sehr wichtig ist, und sie deshalb in einem Gespräch oft wiederholt. Natürlich werden sich automatisch Bewertungen einschleichen à la „Das geht ja wohl gar nicht!" oder auch „Das würde ich auch gern können/so würde ich auch gerne sein". Im Fokus steht in diesem Training jedoch Ihre offene Wahrnehmung und dass Sie sich darauf einlassen, nachzuvollziehen, was für die andere Person wichtig ist, anstatt am Verhalten hängenzubleiben.

2. Aktiv nachfragen Jetzt werden Sie aktiv: Sie fragen nach! Etwa: „Wie denkst du darüber?", „Was würdest du an meiner Stelle tun?", „Warum ist das so wichtig?", „Ich sehe, du regst dich darüber sehr auf. Was nervt dich am meisten?" – Das Wichtigste dabei ist, dass Sie freundlich fragen und konkret nachfragen! Sie wollen so viel wie möglich von der Perspektive des anderen erforschen.

Das Video zu Regel Nr. 4:
www.humboldt.de/url/5004

Regel Nr. 5: Sei mittelmäßig!

Darum geht es: Der Zwang zum Perfektionismus ist ein Übel unserer Zeit. Sehr viele denken, sie dürften keine Fehler machen und alles müsse großartig und noch besser sein.

Im Improvisationstheater: Am meisten wird hier geübt, Impulse aufzunehmen, statt besonders originell sein zu wollen. Will man perfekt sein, überlegt man sich jedes Wort, ist mit sich selbst beschäftigt, übersieht Angebote der Mitspieler und gerät unter Druck. So wird Kreativität abgewürgt. Nur wenn man eigene Ambitionen zurücksteckt, ist man ganz im Moment und zu einer echten Interaktion in der Lage.

Der Kernaspekt davon im Leben ist: Normal sein dürfen (statt exzellent sein zu müssen). Das heißt, dass Sie sich akzeptieren, wie Sie sind, und bereit sind, sich auch so zu zeigen, statt eine Maske aufzusetzen und zu versuchen, immer alles perfekt zu machen. Es geht nicht darum, sich keine Mühe mehr zu geben oder minderwertige Ergebnisse abzuliefern. Sondern um die innere Erlaubnis, ein normaler Mensch sein zu dürfen, sich auszuprobieren und zu entwickeln, statt immer genial und perfekt sein zu müssen.

SELBST-CHECK: WIE SEHR ERLAUBEN SIE SICH, AUCH MAL MITTELMÄSSIG ZU SEIN?

Kreuzen Sie an, was momentan eher zutrifft:

☐	Ja, ich bin ein Perfektionist und verbessere alles zigmal.	Ich will gute, aber keine perfekten Ergebnisse abliefern.	☐
☐	Bevor ich etwas sage, muss es gut ausformuliert sein.	Ich spreche, wie mir der Schnabel gewachsen ist.	☐
☐	Mir ist wichtig, dass meine Vorschläge sofort umsetzbar sind.	Ich mache auch unausgegorene Vorschläge, daraus entwickelt sich schon was!	☐
☐	Ist eine Lösung zu einfach, kommt mir das spanisch vor!	Die besten Lösungen sind einfach!	☐
☐	Andere sollen eine hohe Meinung von mir haben.	Ich bin, wie ich bin, ein Mensch mit Stärken und Schwächen.	☐

Was dieses Prinzip für Ihr (Berufs-)Leben bedeutet

Der Drang, alles perfekt machen zu wollen, ist ein richtiger Stock zwischen den Speichen Ihrer Sichtbarkeit. Denn damit blockiert alles:

- Sie sind zu zurückhaltend. Wenn Sie Ideen und Meinungen nur äußern, wenn Sie tausendprozentig sicher sind, dass alles durchdacht, auf jeden Fall umsetzbar und am besten sogar brillant ist, sonst sagen Sie lieber gar nichts.
- Sie übernehmen keine neuen Verantwortungsbereiche, obwohl Sie eigentlich möchten. Das Projekt übernehmen, wenn Sie „so was" noch nie gemacht haben? Die Verantwortung tragen, wenn das Ergebnis nicht garantiert ist?
- Sie brauchen für alles länger. Perfektion ist anstrengender. Sie verbraucht mehr Energie, vor allen Dingen aber auch mehr Zeit. Weil

man ewig recherchiert, ständig nachbessert und es lieber noch mal durchdenkt.

Für viele Menschen ist das ein riesiges Problem, denn da sie eh lieber durch das auffallen, was sie leisten, sorgt das Perfekt-sein-Müssen dafür, dass man sich selbst ins Knie schießt: Die Umwelt sieht nämlich

- zu große Zurückhaltung (oder Sie machen sich im Berufsleben völlig unsichtbar, weil Sie immer nur schweigend dasitzen);
- mangelndes Interesse, da Sie offenbar nur das machen, wofür Sie eingestellt sind, und bei allem anderen abwinken;
- keine Zuversicht, was dazu führt, dass man Zweifel an Ihrer Kompetenz hegt, wenn Sie sich offenbar selbst nichts zutrauen;
- wenig Produktivität, denn alles dauert viel länger plus Sie können viel weniger schaffen, weil einzelne Projekte sie länger blockieren.

Sie sabotieren sich also auf massive Weise selbst. Und weil das noch nicht genug ist, schaden Sie sich auch noch, weil Sie sich durch das alles klein halten, was Ihre Weiterentwicklung und Ihren Handlungsspielraum betrifft.

Training: So können Sie diese Regel in Ihren Alltag integrieren/ einüben

Der Mut zur Lücke bietet sich in vielen Alltagssituationen an und Sie können ihn in unterschiedlichen Abstufungen trainieren, etwa so:

Auskunft geben „Das weiß ich jetzt zwar nicht so genau, aber …" Ein Kunde am Telefon erkundigt sich nach etwas, was Sie nicht wissen. Im Meeting fragt man den genauen Sachstand ab, aber Sie haben die Projektunterlagen nicht dabei … Immer dann, wenn Sie normalerweise den Mund halten würden, weil Sie etwas nicht genau wissen, sagen Sie das einfach dazu – und rücken mit Ihrer Idee oder der Teilinformation, die Sie geben können, raus.

Frage-Annahme-Kombi „Ich kenne das im Zusammenhang mit ... Ist das gemeint?" Kombinieren Sie eine Frage mit dem, was Sie wissen. Fragen Sie nicht „Wie geht das noch mal mit dem Storno im Computer?", sondern sagen Sie „Könnten Sie mir mal bitte über die Schultern schauen, während ich das Storno mache?" Oder Sie verstehen ein Fachwort nicht: „Ich kenne ‚OTC‘ nur als „over the counter" für rezeptfreie Medikamente. Ist das hier gemeint?"

Maximal drei Phasen Konzeption – Entwurf – eine Überarbeitung mit Feintuning! Gehören Sie zu den Leuten, die alles zigmal verbessern, gestehen Sie sich künftig nur noch drei Phasen zu: Erst überdenken Sie die Sache, um die es geht genau, und finden eine gute Struktur fürs Vorgehen. Dann arbeiten Sie alles in Entwurfsqualität aus – möglichst in einem Rutsch. Am Schluss dürfen Sie ein Mal (!) richtig intensiv überarbeiten und verbessern. Das reicht! Tun Sie in jeder Phase Ihr Bestes (mit absolutem Fokus), dann stellen Sie von vornherein ein optimales Ergebnis sicher.

Keine Garantie „Ich versuch's!" Wagen Sie sich auf unsicheres Gelände, und zwar im privaten Bereich mit guten Freunden, mit denen Sie sich wohlfühlen. Wer nicht kochen kann, lädt zum selbst gekochten Menü ein (wenn's schiefgeht, kann man immer noch Pizza bestellen). Oder probieren Sie es einfach mal mit dem Klettern oder Walzertanzen. Freuen Sie sich darauf, ein Anfänger zu sein.

Das Video zu Regel Nr. 5:
www.humboldt.de/url/5005

Regel Nr. 6:
Gewinne die Lust am Scheitern!

Darum geht es: Akzeptieren, dass Fehler machen zum Leben gehört. Erst wenn ich damit rechne, dass ich auch scheitern kann, und mir das erlaube, werde ich bereit sein, etwas zu riskieren. Dieses „Risiko" tritt bereits ein, wenn man die eigene Komfortzone verlassen soll. Andernfalls geht man nur auf Nummer sicher und bleibt beim Alten.

Im Improvisationstheater: Es ist völlig normal, dass man Fehler macht auf der Bühne. Wie soll es auch anders sein? Schließlich ist keine Szene geprobt, alles entsteht spontan. Die Spieler auf der Bühne sind gleichzeitig Schauspieler, Dramaturgen, Regisseure und Drehbuchschreiber, und das alles in Echtzeit. Natürlich gibt es Szenen, die ganz rund sind. In den meisten gibt es aber irgendwelche Macken. Für das Publikum ist das ein Zeichen dafür, dass die Szene wirklich gerade entstanden ist. Und das, was nicht geklappt hat, ist ein wichtiger Ansatzpunkt, um daraus zu lernen.

Der Kernaspekt davon im Leben ist: Scheitern in Kauf nehmen und akzeptieren (statt auf Nummer sicher zu gehen und sich über jeden Fehler zu ärgern). Das bedeutet, sich aus der Deckung zu wagen im Wissen, dass die Sache auch schieflaufen kann. Es heißt nicht, dass Sie jetzt alles schwarzsehen. Es geht vielmehr darum, Scheitern als Möglichkeit einzukalkulieren und zu lernen, es entspannt zu sehen.

SELBST-CHECK: WIE STEHEN SIE ZUM SCHEITERN?

Kreuzen Sie an, was momentan eher zutrifft:

☐	Fehler sollte man vermeiden, ich ärgere mich immer sehr darüber.	Ich finde, Fehler gehören dazu; wo gehobelt wird, fallen Späne.	☐
☐	Ehrlich gesagt gehe ich lieber auf Nummer sicher.	Ich probiere gerne was aus, nach dem Motto: No risk, no fun.	☐
☐	Ich kann mir Fehler und Miss-erfolge nicht (wirklich) verzeihen.	Ich freue mich zwar nicht riesig über Fehler, aber dadurch lernt man ja auch.	☐
☐	Ich fühle mich oft stark unter Erfolgsdruck, auch weil mein eigener Anspruch so groß ist.	Ich tue mein Bestes und bin mir meiner Grenzen bewusst. Ich checke die Erwartungen anderer an mich ab.	☐
☐	So richtig scheitern nehme ich sehr persönlich. Es würde mein Selbstbewusstsein enorm zerkratzen.	„Scheitern" ist ein viel zu großes, endgültiges Wort. Aufstehen, Hose abklopfen, neu versuchen!	☐

Was dieses Prinzip für Ihr (Berufs-)Leben bedeutet

Wenn man neue Angebote annimmt, ist Scheitern ebenso eine Möglichkeit wie Erfolg:

- Es kann sein, dass Ihr Kollege Ihr Angebot nach gemeinsamer Lösungssuche von Anfang an ablehnt. Das darf nicht bedeuten, dass Sie nie wieder Ihre Hilfe anbieten oder dass Sie nichts mehr vorschlagen, weil die Idee offenbar nicht gut ankam.
- Sie haben sich nach vorne gewagt und sich für die Projektübernahme angeboten. Ihr Chef gibt das Projekt trotzdem einem anderen. Das muss erlaubt sein. Sie haben es auf jeden Fall versucht und so weiß er um Ihre Ambitionen für die Zukunft.

● Oder nehmen wir den privaten Bereich: Sie haben sich in jemanden verguckt. Wenn Sie jetzt nicht handeln, haben Sie schon verloren. Denn dann weiß der andere gar nicht, wie toll Sie ihn finden. Sprechen Sie die Person an, riskieren Sie einen Korb, was natürlich kein schönes Gefühl ist. Aber Sie haben damit Ihre Chancen eigenständig von null auf 50 Prozent erhöht!

Gleiches gilt für Entscheidungen, die sich später als suboptimal herausstellen. Aber: Man hat sich zu einem bestimmten Zeitpunkt entschieden, genau so zu handeln, wie man gehandelt hat. Erst im Nachhinein weiß man, ob diese Entscheidung erfolgreich war oder nicht. Hätte, wäre, könnte ich … bringt gar nichts!

Tatsache ist: Es gibt keinen Bereich im Leben, in dem wir Rückschläge oder Fehler vermeiden können. Auch jetzt, wo Sie noch ziemlich „unsichtbar" durchs Leben gehen, konnten Sie solche Situationen nicht vermeiden. Also warum weiter in der Defensive bleiben? Umarmen Sie die Möglichkeit, dass die Dinge nicht immer so laufen, wie Sie sich das wünschen, dann können Sie relaxter damit umgehen und erweitern Ihre Komfortzone aktiv mehr und mehr (siehe folgendes Kapitel).

Training: So können Sie diese Regel in Ihren Alltag integrieren/einüben

Nehmen Sie sich ein großes Blatt Papier und überlegen Sie, welche drei Arten von Fehlern Sie besonders irritieren. Das können auch Dinge sein, die andere nicht als Fehler werten, aber in Ihren Augen welche sind, z.B. wenn jemand seinen Job nicht ordentlich macht – etwa in der Bäckerei lieber den Boden putzt, als zu bedienen. Wählen Sie auch eine Sache aus, die Sie sich selbst nicht verzeihen.

Fehlerart	Dann denke ich	So reagiere ich
Wenn ich in einer E-Mail Schreibfehler mache	„Der andere denkt jetzt, dass ich dumm oder schlampig bin. Oder beides!"	Ich schäme mich total, ärgere mich stundenlang und lese jede Mail jetzt dreimal Korrektur.
_____	_____	_____
_____	_____	_____
_____	_____	_____

Ihr Training besteht darin, eine Woche lang anders auf Fehler zu reagieren. Wir wollen ja die Lust am Scheitern trainieren und das fängt damit an, wie wir auf die kleinen Alltagsfehlerchen reagieren. Darum lassen Sie sich einfach mal auf das Experiment ein und probieren Sie diese Woche folgende Reaktionen:

„Hallo Fehler!" Begrüßen Sie kleine Fehler wie einen Bekannten: Die Begegnung freut Sie, auch wenn Sie ihn nicht supergerne mögen. Das unterbricht das verbohrte Reinsteigern und bringt Sie zum Lachen.

„Shit happens!" Bei größeren Kalibern heißt es realistisch zu sein. Jetzt ist es schon passiert. Auch bei größter Aufmerksamkeit kann man kein fehlerfreies Leben führen. Also sagen Sie, wie es ist, und richten Sie dann den Fokus darauf, es zu korrigieren, Schadensbegrenzung zu machen oder daraus fürs nächste Mal zu lernen.

„Es gibt Schlimmeres." Nervige Fehler und Versäumnisse im Alltag sind ätzend. Doch können wir das meiste nicht kontrollieren. Wir können uns entscheiden, die Sache anzusprechen, wir können aber auch das Ganze realistisch einordnen und relativieren: „Ist dieser Fehler wirklich gleich ein Drama?" Bleiben Sie gelassen! So haben Sie einen klaren Kopf und Zugang zu Ihrer Kreativität, um das Thema neu zu lösen.

Das Video zu Regel Nr. 6:
www.humboldt.de/url/5006

Regel Nr. 7: Sorge für dich und hab Spaß!

Darum geht es: Immer wenn wir in unserem Element sind, sind wir besser. Wir gehen ganz darin auf und es geht uns alles leicht von der Hand. Im Englischen heißt dieser Zustand Flow (Fließen, Strömen). Der Grund: Leichtigkeit und Freude. Das befeuert die eigene Energie und strahlt aus.

Im Improvisationstheater: Haben die Spieler auf der Bühne Spaß, springt diese Spielfreude aufs Publikum über und es entsteht eine wunderbare Sogwirkung. Der Zauber jeder Improvisation liegt nicht in der Perfektion der Darstellung, sondern in der Hingabe der Spieler. Denn dann entstehen authentische Charaktere und es entwickeln sich wunderbare Geschichten.

Der Kernaspekt davon im Leben ist: Sich dem, was man tut, hingeben (statt sich Pflichten aufzuerlegen). Wenn Sie sich auf Ihren Weg zu mehr Sichtbarkeit und Präsenz mit Lust und Freude machen, werden Sie Erfolg und dabei Spaß haben. Setzen Sie sich stattdessen selbst unter Druck, werden Sie kaum erfolgreich sein. Und Ihre Lustlosigkeit wird auch in Ihrem Gesicht und Ihrer Körpersprache abzulesen sein.

SELBST-CHECK: WIE HINGEBUNGSVOLL SIND SIE?

Kreuzen Sie an, was momentan eher zutrifft:

☐	Erst die Arbeit, dann das Vergnügen.	Leben und Arbeit müssen Spaß machen!	☐
☐	Ich hätte auch gern dieses Flow-Gefühl. Ich funktioniere mehr.	Ich liebe, was ich tue, und gehe oft so richtig drin auf.	☐
☐	Ich fühle mich ziemlich „erwachsen" und bin nicht so locker.	Ich bin nach wie vor neugierig, lache und experimentiere gern.	☐
☐	Ich lebe sehr fremdbestimmt und habe nicht viel Gestaltungsspielraum.	„Love it, change it or leave it" ist meine Devise.	☐
☐	Ich sehe immer eine nächste Aufgabe vor mir.	Ich finde es toll, wenn mir etwas gelingt, und ich feiere meine Erfolge.	☐

Was dieses Prinzip für Ihr (Berufs-)Leben bedeutet

Die meisten Erwachsenen leiden unter dem großen Maß an Fremdbestimmung, das mit den steigenden Verpflichtungen auf sie zukommt. Diese Verpflichtungen gehen oft mit tatsächlichen – und gefühlten – starren Vorgaben einher. Dazu kommt, dass sie sich gezwungen sehen, privat und beruflich sehr viele Kompromisse zu schließen.

Je fremdbestimmter wir uns fühlen, desto mehr geraten wir in die Lustlosigkeit: Wir erfüllen unsere Verpflichtungen, stopfen unsere Zeit mit Aufgaben und Bedürfnissen anderer Menschen voll – das Erste, was meist hinten runterfällt, sind dabei die eigenen Bedürfnisse. Erst recht bei uns leiseren Menschen, die sie oft nicht äußern oder sich nicht einfach den Raum nehmen, den sie brauchen.

Das Bewusstsein, sich um sich zu sorgen, kehrt diesen Teufelskreis um. Denn, wenn Sie sich um sich selbst kümmern, dann

- nehmen Sie Ihre Bedürfnisse und Wünsche überhaupt erst wieder richtig wahr, was Ihnen auch den Weg zu den Dingen weist, die Ihnen viel Freude machen und Ihnen wirklich locker von der Hand gehen;
- sorgen Sie dafür, dass es Ihnen körperlich und geistig gut geht. Der Energiepegel und Ihre Kräfte steigen an. Dadurch kommt die Lust auf Neues immer wieder zurück;
- sind Sie zufriedener, was sich in mehr Ausgeglichenheit äußert, Ihre Ausstrahlung verbessert und auch Ihren Umgang mit anderen positiv beeinflusst.

All das sorgt dafür, dass Sie sich selbst wieder in den Mittelpunkt Ihres eigenen Lebens stellen!

Training: So können Sie diese Regel in Ihren Alltag integrieren

Sie können alle anderen Trainings zwischendurch machen – mal nur einen Tag, mal eine Woche lang. Aber dieses letzte Training sollten Sie heute für immer beginnen!

Es heißt „Eins raus, eins rein" und ist jeden Freitagabend Ihr Ritual zum Wochenende. Das Ziel: Konsequent jede Woche etwas aus Ihrem (Berufs-)Leben werfen, was Ihnen nicht guttut, und dafür etwas reinholen, was Ihnen Freude bringt. So fokussieren Sie sich mindestens einmal wöchentlich auf Ihre Bedürfnisse und gestalten konsequent Ihr Leben zu mehr Leichtigkeit:

↓ Eins raus = Sie werfen etwas Unschönes, Belastendes aus Ihrem Leben.	↑ Eins rein = Sie bringen etwas Schönes rein oder sorgen für mehr Gutes.
Beispiele • Ein blödes Geschenk, das Platz wegnimmt und nur verstaubt. • Sie bringen endlich den Stapel ungelesener Fachzeitschriften zum Altpapier. • Sie brechen den Kontakt zu der „Freundin" ab, die seit Jahren immer nur meckert.	Beispiele • Sie streichen Ihr Homeoffice mit einer sonnig-gelben Farbe. • Sie schaffen in Ihrem Terminkalender endlich wieder mehr Zeit für Ihr geliebtes Hobby. • Sie fragen den neuen Kollegen, ob er nicht mal Lust hat auf eine gemeinsame Freizeitaktivität.

Sie sehen, dass das ganz unterschiedliche Dinge sein können: Mal ist es eine Gewohnheit, mal ein Gegenstand, mal eine Person – idealerweise sind es Dinge, die einen längerfristigen Effekt haben, aber es ist auch völlig okay, etwas Kurzfristigeres für sich zu tun. Auch die Gewichtung kann unterschiedlich sein: In einer Woche brechen Sie vielleicht den Kontakt zu einer belastenden Person ab und erfreuen sich dafür mit einem entspannten Café-Besuch. Tun Sie das, was Sie gerade gut finden!

Das Video zu Regel Nr. 7:

www.humboldt.de/url/5007

BRECHEN SIE DIE REGELN!

Wissen Sie, was noch Spaß macht? Die Regeln zu brechen! Deswegen brechen Sie die Regeln, die Sie sich selbst aufgestellt haben, brechen Sie die Regeln, die andere aufgestellt haben. Auch diese sieben Regeln können Sie ruhig brechen. Was soll's, Hauptsache, Sie haben Spaß dabei!

DAS RÄUME-MODELL

Jetzt sind Sie mit allem ausgestattet, was Sie für mehr Sichtbarkeit brauchen: Sie wissen um Ihre wichtigen Sichtbarkeits-Kernstärken, haben ein inneres Leitbild als Fundament entwickelt und die wichtigsten Regeln und Werkzeuge für mehr Präsenz im Alltag kennengelernt. Doch das ist natürlich nicht alles. Jetzt geht es um das konkrete Tun!

Schritt für Schritt zu mehr Sichtbarkeit und Präsenz

Als Erstes werden Sie sich Ihrer Komfortzone bewusst. Die Komfortzone ist der Bereich Ihrer Sichtbarkeit und Präsenz, mit dem Sie sich bereits wohlfühlen. Wo Sie sicher sind und ohne zu zögern aktiv werden. Jetzt kommt das Wichtige: Ich erwarte nicht, wie das gerne mal propagiert wird, dass Sie sich unbedingt außerhalb Ihrer Komfortzone fordern müssen, sondern wir gehen von Ihrer Komfortzone aus. Stellen Sie sich Ihre Komfortzone wie von einem Gummiband umspannt vor – sie ist dehn- und formbar. Nach einer kleinen Erweiterung gibt es hin und wieder erst mal etwas Widerstand, aber nach relativ kurzer Zeit wird diese erweiterte Komfortzone zur Normalität. Erst jetzt machen Sie wieder einen neuen Schritt, und zwar in Ihrem eigenen Tempo. Sie bestimmen, wann, wo und wie! Diese Strategie der kleinen Schritte gibt die Gewissheit, dass es nicht zu anstrengend sein wird, sondern herausfordernd, ohne dass Sie sich überfordern.

Von der Komfortzone zur Entwicklung

Damit Sie sich genau vorstellen können, was ich meine, habe ich ein Modell entwickelt, das den Weg von Ihrer jetzigen Komfortzone in die weitere Entwicklung deutlich macht.

Die Komfortzone Ihrer Sichtbarkeit ist der Bereich, in dem Sie sich bisher bewegen. Hier fühlen Sie sich wohl und sicher, auch wenn Sie nicht mit allem zufrieden sind. Sie kennen sich aus: Das Umfeld, die Leute, Ihr bisheriges Verhalten ist bekannt.

Zwei Beispiele:
- Sie haben kein Problem damit, im firmeninternen Meeting die Fragen Ihres Chefs vor den Kollegen zu beantworten.
- Sie nehmen auf Veranstaltungen gerne das Kennenlernangebot Ihres Sitznachbarn an.

Innerhalb der Komfortzone liegt auch Ihre Wohlfühlinsel. Was das genau ist und wie Sie sie aktivieren können, zeige ich Ihnen gleich.

Der Sicherheitsraum grenzt direkt an die Komfortzone, darum ist alles, was gleich „nebenan" liegt, in Ordnung, weil es Dinge sind, die nah am Bekannten sind. Hier fühlen Sie sich immer noch sicher. Etwa wie ein Nichtschwimmer, der etwas weiter ins tiefere Wasser geht: Er kann immer noch stehen, auch wenn er sich jetzt auf die Zehenspitzen stellen muss und das Wasser ihm vielleicht schon bis zum Kinn reicht. Außerdem kann er sich neben den Beckenrand stellen, um sich festzuhalten. Er hat zwar gehörigen Respekt vor der Situation, trotzdem hat er alles unter Kontrolle.

Zwei Beispiele:

- Zum ersten Mal im Meeting beantworten Sie nicht nur die Fragen, sondern unterbreiten aktiv selbst einen Vorschlag. Die Sache ist ungewohnt, aber die Umgebung ist vertraut und Sie haben es mit denselben Menschen wie sonst zu tun.
- Sie sprechen auf einer Veranstaltung selbst Ihre Sitznachbarin an, indem Sie eine vorher überlegte Frage stellen. Auch hier verändern Sie nur Nuancen, sodass Sie sich immer noch sicher fühlen.

Der Entwicklungsraum grenzt an den Sicherheitsraum. Er ist deutlich von der Komfortzone entfernt, aber durch den Sicherheitsraum mit ihr verbunden – das ist wichtig, denn das können Sie nutzen! Im Entwicklungsraum sind Sie richtig gefordert, aber dafür machen Sie auch größere Sprünge, was Ihre Sichtbarkeit angeht. Denn jetzt gehen Sie richtig aus der Deckung und wagen Neues.

Zwei Beispiele:

- Sie werden unerwartet gefragt, ob Sie beim nächsten Teammeeting eine Präsentation zu Ihrer vorgestellten Idee halten. – Au Backe!
- Sie suchen sich auf einer Veranstaltung eine völlig fremde Person aus, die Sie in ein Gespräch verwickeln. Vorher wäre das für Sie undenkbar gewesen.

Der Weg von der Komfortzone zum Entwicklungsraum wird von zwei Faktoren mitbestimmt: dem Zeit-Faktor und dem Wow!-Faktor.

Der Zeit-Faktor Bei jeder Veränderung spielt Zeit eine große Rolle. Wenn Sie sich unnötig unter Druck setzen und von sich erwarten, von null auf hundert durchzustarten, werden Sie sich überfordern und dadurch schnell demotivieren. Für alles gibt es die richtige Zeit. Gerade bei Verhaltensänderungen ist es wichtig, geduldig mit sich zu sein, sich eine schrittweise Entwicklung zuzugestehen und sich auch die nötige Zeit für die Vorbereitungen zu nehmen.

Der Wow!-Faktor Sie kennen bestimmt Situationen, in denen Sie sich selbst überrascht haben, wo Sie sich völlig anders als von Ihnen selbst erwartet benommen haben und regelrecht über sich hinausgewachsen sind. Dieser Wow!-Faktor katapultiert Sie richtig nach vorne, vor allem weil er dafür sorgt, die eigene Sichtbarkeit als Spiel zu sehen. Wir wollen uns nicht unter einem verkrampften Erfolgsdruck sichtbarer machen, sondern uns dabei wohlfühlen, wenn wir uns herausfordern, unsere selbst aufgestellten Regeln mal brechen und uns vor allen Dingen aus alten Schubladen herauslassen. Je mehr Spaß Sie dabei haben, desto besser gelingt es Ihnen!

Jetzt sehen wir uns das Modell genauer an: Was sind die spezifischen Merkmale und Nutzen jeder Zone und der beiden genannten Faktoren? Und vor allem: Wie kann dieses Modell Sie effizient bei Ihrem Ziel zu mehr Präsenz und Sichtbarkeit unterstützen?

Ihre Komfortzone

Im Kapitel „Ein starkes inneres Leitbild als Fundament" ging es um Ihr Sichtbarkeits-Leitbild. Sie haben Ihren Persönlichkeitstyp kennengelernt und abgeklärt, wie Sie bei den 15 Kerneigenschaften abschneiden. Alles, was Sie hier schon für sich verbuchen können, polstert Ihre Komfortzone. Wenn Sie die Selbst-Checks übersprungen haben, ist es also jetzt an der Zeit, dieses Kapitel intensiv durchzuarbeiten. Ihre vorhandenen Qualitäten bilden nämlich buchstäblich das Herzstück Ihrer weiteren Entwicklung zu einer höheren Sichtbarkeit.

Wie Sie diese vorhandenen Fähigkeiten gezielt nutzen, dazu kommen wir anhand konkreter Beispiele noch. Bleiben wir zunächst noch bei der Komfortzone.

BESTIMMUNGSKRITERIEN, OB EIN ZIEL IN MEINER KOMFORTZONE LIEGT

- Die Sache/Situation/Umgebung/Menschen sind mir überwiegend vertraut.
- Einige für mich zentrale Aspekte sind mir vertraut.
- Ich weiß in für mich ausreichendem Maß, was auf mich zukommt, fühle mich dafür bereit, stehe nicht unter Druck und habe Zeit, mich vorzubereiten

Jetzt wird die Komfortzone bereits größer! Denn Sie sehen, dass es keineswegs darum geht, dass Sie ALLES bereits kennen, schon gemacht und darin Routine haben, sondern es reicht völlig aus, wenn für Sie relevante Komfortpunkte vorhanden sind. Was das genau ist, hängt von der jeweiligen Situation, dem Ziel und Ihnen selbst ab.

Dem einen reicht es, vertraute, ihm wohlgesinnte Menschen um sich zu haben. Der nächste muss einfach das Gefühl haben, der Sache prinzipiell gewachsen zu sein.

Diese Komfortpunkte sorgen für eine sichere Grundlage. Sie haben dann keine Bedenken, etwas zu tun und sind absolut zuversichtlich.

Ein Beispiel Angenommen, Ihr Ziel ist es, einen Vortrag auf der Mitgliederversammlung eines Vereins zu halten. Die vorhandenen Komfortpunkte in Bezug auf Sache/Situation/Umgebung/Menschen sind:

- Ich habe zwar noch keinen Vortrag auf der Versammlung gehalten, aber dafür immer wieder bei Vorstandssitzungen. Im Grunde ist es ähnlich, nur eben vor einer größeren Gruppe.
- Ich kenne mich natürlich in der Sache total gut aus und kann die Inhalte aus dem Effeff.
- Außerdem kenne ich die meisten Mitglieder persönlich.

Der Vortrag auf der Mitgliederversammlung ist also Neuland, trotzdem befinden Sie sich in Ihrer Komfortzone. Alles ist im Bereich des Machbaren: Sie haben Erfahrungen, auf die Sie aufsatteln können; Sie wissen genau, worauf Sie sich einlassen; die Menschen sind Ihnen vertraut. Also haben Sie nichts zu befürchten.

Ihre Wohlfühlinsel

Die Komfortzone bietet Ihnen einen weiteren enormen Vorteil: Sie können daraus Ihre eigene Wohlfühlinsel ableiten: Jeder von uns kennt Situationen, in denen er so richtig aus sich herausgekommen ist, auch wenn er sich sonst zurückhält. Da kommt auch der Leiseste richtig zum Sprudeln und der Zurückhaltendste zeigt sich selbstbewusst, und zwar völlig natürlich, ohne sich anzustrengen. Man kommt an alle seine Ressourcen, glänzt und kann sein Potenzial voll ausschöpfen. Das sind für jeden von uns Sternstunden, also ganz besondere Momente.

Im Alltag aber müssen wir oft schnell reagieren und es kann passieren, dass wir nicht immer spontanen Zugang zu unserem Wunschverhalten finden. Besonders dann, wenn wir uns in bestimmten Situationen nicht wohlfühlen oder im Vorfeld Angst davor haben.

Um jederzeit sozusagen auf Knopfdruck auf die Ressourcen Ihrer Wohlfühlinsel zurückgreifen zu können, fangen Sie dieses sichere Gefühl – da fühlen Sie sich sicher und ganz in Ihrer Mitte – ein. Das geht sehr effektiv mit einem sogenannten Anker. Unter „ankern" versteht man im NLP das Speichern bestimmter Zustände, die im Bedarfsfall rasch abgerufen werden können.

MERKSATZ

Die Wohlfühlinsel ist sozusagen Ihre Komfortzone zum Mitnehmen.

 **ÜBUNG: GUTE GEFÜHLE VERANKERN – IHRE WOHLFÜHLINSEL**

Nehmen Sie sich eine Viertelstunde Zeit, in der Sie allein sind und sich richtig konzentrieren können, ohne gestört zu werden. Folgen Sie diesen vier Schritten:

1. Bestimmen Sie eine Wohlfühlsituation.

Erinnern Sie sich an eine Situation, in der Sie sich so richtig wohlgefühlt haben. In der Sie aus sich herausgekommen sind und sich vollkommen präsent erlebt haben. Es kann eine aktuelle Situation sein oder eine aus Ihrer Kindheit. Hauptsache, sie fällt Ihnen auf Anhieb ein, wenn Sie an eine Wohlfühlsituation denken sollen.

- Was empfanden Sie dabei?
- Was waren Ihre Gedanken?
- Es handelt sich um eine bestimmte Emotion, eine bestimmte innere Haltung. Spüren Sie ihr richtig nach.
- Was sagen Sie zu sich selbst, während Sie sich so gut fühlen? Geben Sie dieser Haltung einen Titel: ein Wort oder einen Satz, beispielsweise: „Ich bin es wert!" oder „Ich zeige mich!" oder auch nur ein „Om". Hauptsache, dieser Satz oder dieses Wort passt zu Ihnen und Ihrem gespürten Wohlgefühl.

2. Schaffen Sie sich eine Wohlfühlinsel.

Stellen Sie sich direkt vor Ihnen auf dem Boden die Umrisse Ihrer Wohlfühlinsel vor. Diese Insel hat einen Durchmesser von ungefähr einem Meter. Jetzt stellen Sie sich den allerschönsten Ort vor, den Sie sich überhaupt ausdenken können. Das kann ein Stück Himmel sein, ein Berggipfel, eine Blumenwiese oder auch eine richtige Insel mit goldenem Strand und Palmen. Malen Sie sich Ihren absoluten Traumort so plastisch wie möglich aus: Form, Farben, Bodenbeschaffenheit. Alles ist erlaubt. Vielleicht hören Sie schöne Geräusche, wie Meeresrauschen oder Vogelgezwitscher, alles, was Sie toll finden – schaffen Sie richtig Atmosphäre!

3. Verbinden (ankern) Sie Insel und Ressourcen.

Denken Sie erneut an Ihre Wohlfühlsituation, machen Sie Ihre Empfindungen richtig intensiv. Das Wohlgefühl soll Sie durchströmen.

Während Sie das alles intensiv spüren, sehen Sie wieder Ihre wunderbare imaginäre Insel vor sich auf dem Boden und machen Sie einen Schritt, sodass Sie mitten darauf stehen. Verbinden Sie gedanklich Ihre Empfindungen aus der Wohlfühlsituation mit dem Bild Ihrer Wohlfühlinsel, dem Titel Ihres Wohlgefühls und den dazugehörigen Geräuschen. Genießen Sie diese wunderbaren Empfindungen!

Gehen Sie dann wieder runter von der Insel. Aktivieren Sie Ihr Wohlgefühl erneut, gehen Sie damit erneut darauf. Verbinden Sie alles noch mal. Wiederholen Sie dies ein paarmal, damit Ihr Anker richtig fest ist. Tauchen Sie ganz ein. Spüren Sie den Schutz Ihrer Wohlfühlinsel.

4. So können Sie Ihre Wohlfühlinsel jederzeit aktivieren.

Jetzt haben Sie diese Wohlfühlinsel immer dabei. Sie können sie immer dann aktivieren, wenn Sie vor bestimmten Situationen stehen, die Ihnen Angst machen oder in denen Sie sich unsicher fühlen. Nehmen Sie sich ein paar Sekunden Zeit, stellen Sie sich das Bild Ihrer Insel vor, machen Sie einen Schritt darauf, denken Sie an Ihren Begriff dazu, und schon durchströmt Sie Ihr geankertes Wohlgefühl. Ihre Insel kann sich auch auf einem Stuhl befinden: Stellen Sie sich dieses Bild auf der Sitzfläche vor, bevor Sie sich hinsetzen, und Sie bekommen den gleichen Effekt – ideal für Verhandlungen und Meetings!

Die Anleitung zu dieser Anker-Übung finden Sie auch als Audiodatei unter: www.natalieschnack.de/wohlfühlinsel.mp3

Ihr Sicherheitsraum

Erinnern Sie sich an meinen Vergleich, dass die Komfortzone wie von einem Gummiband umspannt ist? Das liegt wesentlich daran, dass sie vom Sicherheitsraum umschlossen ist. Sprich: Alles, was sich außerhalb Ihrer Komfortzone bewegt, aber trotzdem sehr nahe dran ist, können Sie ohne große Bedenken angehen: Es ist machbar! Sie sind der Situation gewachsen. Sie können auf Ihren Komfortbereich inklusive der Komfortpunkte und Ihrer Wohlfühlinsel bauen.

Im Sichtbarkeits-Steckbrief auf Seite 86–87 haben Sie drei aktuelle Sichtbarkeitsziele definiert. Es ist sehr wahrscheinlich, dass diese Ziele nicht in Ihrer Komfortzone liegen (wie genau Sie das bestimmen und warum es wichtig ist, Ihre Ziele jeweils in den aktuellen Raum einzuordnen, erfahren Sie weiter unten).

So kann es z. B. sein, dass Sie sehr aktiv in Besprechungen sind und wenn alle gemeinsam am Tisch sitzen, auch offensiv das Wort ergreifen. Aber Sie haben sich noch nie nach vorne gestellt und zu einem eigenständigen Thema eine Rede vorbereitet und gehalten. Der Gedanke an diese Aufgabe inklusive Präsentiertellerposition verursacht Ihnen Unbehagen.

Gleichzeitig wissen Sie: Wenn ich mich für so einen internen Vortrag anbiete, bewege ich mich außerhalb meiner Komfortzone, ABER in diesem Rahmen fühle ich mich prinzipiell sicher, darum ist es die perfekte Gelegenheit, hier mit dem Vortraghalten anzufangen.

Sie gehen wieder von Ihrer Komfortzone aus und betrachten die Situation erst nach Komfortpunkten:

Komfortpunkt Nr. 1: Bekannte Umgebung

Das Besprechungszimmer ist bekannt, Sie kennen sich darin aus.
Auch wenn Sie noch nie selbst vorne standen, wissen Sie,
wo Sie sich bei der Präsentation am besten platzieren können.

Komfortpunkt Nr. 2: Bekannte Menschen

Kollegen, vor denen Sie die Präsentation halten, sind Ihnen vertraut,
Sie kennen und schätzen sie.

Im Sicherheitsraum stehen Ihnen aber natürlich – je nach Vorhaben – noch weitere Helfer zur Verfügung, deren Ursprung in der Komfortzone liegt:

Sicherheitsaspekt Nr. 1: Sie haben einen Teil des Zieles bereits gemeistert.

Sie haben vor anderen das Wort ergriffen, Ihre Meinung geäußert.

Sicherheitsaspekt Nr. 2: Ihre Wohlfühlinsel

Sie haben das sichere, souveräne Gefühl aus einer Situation, in der Sie vollkommen in Ihrer Mitte waren, gespeichert und können so Ihre Komfortzone auch in unbekannte Situationen mitnehmen. Platzieren Sie Ihre Wohlfühlinsel genau da, wo Sie beim Präsentieren stehen wollen, und stellen Sie sich direkt darauf (siehe Übung „Gute Gefühle verankern: Ihre Wohlfühlinsel" weiter oben).

Denken Sie daran, dass auch Gegenstände ein Gefühl der Sicherheit vermitteln können, etwa eine Lieblingshose oder ein Glücksbringer. Es hilft auch, sich die Umgebung zu eigen zu machen, etwa ein paar Möbel umzustellen oder einen Platz bei einer Veranstaltung zu individualisieren (siehe Kapitel „Status nutzen für mehr Präsenz").

Sicherheitsaspekt Nr. 3: Vorhandene Fähigkeiten sind übertragbar.

Im Kapitel „Ein starkes inneres Leitbild als Fundament" haben Sie sich mit Ihren Stärken vertraut gemacht – auch mit den angeborenen – und im dritten Ihre Rollen ausgelotet. Dabei sehen Sie, dass Sie vorhandene Eigenschaften, Erfahrungen und Fähigkeiten immer zur Verfügung haben. Sie müssen nur den inneren Gedankensprung schaffen.

Wichtig Denken Sie daran, dass man Fähigkeiten auch abstrahieren muss, damit Sie Ihr tatsächliches Können richtig einschätzen. Damit steigen Ihr Selbstbewusstsein und Ihre Zuversicht, was dazu führt, dass Sie sich fordernde Ziele setzen. Sie können nämlich mehr, als Sie glauben!

Stellen Sie sich z. B. vor, Sie möchten endlich in Ihrer Abteilung sichtbarer werden und die eigenen Belange offensiver vertreten. Im Beruf sind Sie bisher total reaktiv und zurückhaltend. Aber jetzt, wo Sie sich auf Ihre verschiedenen Rollen besinnen, wird Ihnen bewusst, dass Sie sich im Familien- und Freundeskreis überhaupt nicht zurückhalten. Dass Sie privat von einigen sogar für Ihr Durchsetzungsvermögen und Ihre Entschlossenheit bewundert werden. Also können Sie diese Fähigkeiten auch nach und nach im beruflichen Bereich einsetzen.

Damit aber noch nicht genug. Denn jetzt kommt ein weiterer riesiger Vorteil des Sicherheitsraums: Sie können ihn nämlich auch als Verbindung zum Entwicklungsraum nutzen. Sprich: Sie setzen sich ein Ziel, das weiter von Ihrer Komfortzone entfernt liegt und eine richtige Herausforderung für Sie darstellt. Der Sicherheitsraum ist jedoch wie ein starkes Geländer, das von der Komfortzone bis an den Entwicklungsraum führt.

Der Entwicklungsraum

Im Entwicklungsraum macht man die größten Vorwärtsschritte. Sie haben hierbei zwei Möglichkeiten:

1. **Sie arbeiten sich von innen nach außen vor.** Setzen Sie sich von der Komfortzone aus erst mal nur neue Sichtbarkeitsziele, die sich im Sicherheitsraum befinden, also nahe an dem liegen, was Sie bereits tun. Und dann steigern Sie mehr und mehr den Schwierigkeitsgrad, sodass Sie vom Sicherheitsraum immer weiter in den Entwicklungsraum kommen. Das ist sozusagen die Entwicklung der kontinuierlichen kleinen Schritte. Wenn Sie sich an die Skala aus dem Kapitel „Ein starkes inneres Leitbild als Fundament" erinnern: Hier war die Frage „Was müsste sein, um die Sichtbarkeit um nur einen Punkt auf der Skala zu steigern?"

2. **Sie springen von der Komfortzone in den Entwicklungsraum.** Das sind alle Sichtbarkeitsziele, die weiter weg vom bereits Bekannten liegen. Diese Vorhaben sind neu: Sie betreten für Sie unbekanntes Neuland und können nicht direkt auf vorhandene Erfahrungen bauen. Sie fordern sich also deutlich mehr, aber Sie überfordern sich nicht, wenn Sie den dazwischenliegenden Sicherheitsraum aktiv als Verbindung zur Komfortzone nutzen.

Ein Beispiel *Sie sind Kinderkrankenschwester und möchten sich in Richtung Eventmanagement bewerben. Sie haben das Gefühl, dass Sie einschlägig nichts können, schließlich waren Sie Ihr ganzes Berufsleben „nur" auf der Kinderstation tätig. Darum werden Ihre Bewerbungen als Quereinsteigerin eher unsichtbar bleiben.*

Aus Ihrer Sicht ist der Schritt ins Eventmanagement absolutes Neuland. Auf den ersten Blick weisen Sie kein dafür relevantes Können auf, geschweige denn können Sie auf entsprechende Erfahrungen bauen. Aber das stimmt natürlich nicht! Denn sowohl als Kinder-krankenschwester als auch als stellvertretende Stationsleiterin hat-ten Sie bereits jede Menge mit Logistik und Organisation zu tun. Sie mussten auch mit den unterschiedlichsten Menschen umgehen, koordinieren, schlichten und, und, und – und das Ganze oft genug mit begrenzten Ressourcen sowie unter gehörigem Druck.

Ihre Aufgabe ist also, die Eigenschaften, Erfahrungen und Fähig-keiten abgekoppelt vom bisherigen Einsatzgebiet zu betrachten. Die Komfortzone vieler Aspekte davon ist zwar ans Krankenhaus gekop-pelt, weswegen Sie hier keine Komfortpunkte nutzen können. Aber plötzlich rücken viele der Aufgaben des Eventmanagements in den Sicherheitsraum, denn zahlreiche neue Aufgaben haben Sie – in etwas anderer Form – bereits erfolgreich gemeistert. Von den immer zur Verfügung stehenden Stärken ganz zu schweigen. Auch wenn das Ziel im Entwicklungsbereich liegt, haben Sie viele Sicherheitsaspekte, auf die Sie zurückgreifen können.

Besonders hier ist es wichtig, sich Mentoren zu suchen und auf deren Hilfe zurückzugreifen: Wer kann Sie bei der Vorbereitung gezielt unterstützen? Wer kann Ihnen eigene Erfahrungen, Know-how und Tipps mitgeben? – Das bloße Dasein eines erfahrenen Mentors stärkt Ihnen den Rücken, wenn Sie sich der neuen Herausforderung stellen.

Und natürlich sollten Sie Ihre eigenen Schubladen und Barrieren ganz fest im Auge behalten, damit Sie nicht sich und Ihre neuen Sicht-barkeitsziele unnötig auf die altbewährte Art selbst sabotieren.

Nun schauen wir uns die beiden Faktoren näher an, die für jede Ihrer Entwicklungen ebenfalls eine wichtige Rolle spielen und die ich weiter oben schon angerissen habe: den Zeit-Faktor und den Wow!-Faktor.

Der Zeit-Faktor

Nichts ist so wichtig wie das richtige Tempo! „Richtig" heißt hier allerdings nicht das, was Ihnen gerade bequem erscheint. Und es heißt
erst recht nicht „wenn ich mal Zeit habe". Denn wenn wir darauf warten, dass wir mal genug Zeit übrig haben, kommen die meisten von
uns zu nichts.

Die 5 Zeit-Dimensionen

Zeit hat verschiedene Dimensionen, wenn es um Ihre Sichtbarkeit geht:

1. Sich Zeit für die Vorbereitung nehmen

Das bedeutet: keine überstürzten Aktionen. Es sei denn, Sie wollen das
ganz bewusst, weil Sie direkt in den Entwicklungsraum springen
möchten: siehe Wow!-Faktor.

Das gilt für Ziele, die Sie sich selbst setzen, genauso wie für Angebote,
die Sie erhalten: Machen Sie sich immer Gedanken, welche realistische
Vorbereitungszeit Sie brauchen.

Ein Beispiel *Sie sind Unternehmerin und möchten gerne in der Presse
sichtbarer werden. Nun wird Ihnen spontan angeboten, ein Fachbuch zu
schreiben. Sie sind zuversichtlich, dass Sie es können, und wollen die
Chance unbedingt wahrnehmen. Aber ein Blick in Ihre vollen Auftrags-
bücher zeigt, dass Sie mindestens das nächste halbe Jahr überhaupt
keine Zeit dafür haben werden.*

➜ Schätzen Sie realistisch ein, welche zeitlichen Kapazitäten Sie haben.

2. Sich Zeit nehmen, Angebote zu überdenken

So wichtig es ist, Angebote wahrzunehmen (siehe Kapitel „Improvisieren
lernen – 7 Regeln für mehr Sichtbarkeit"), so wichtig ist es auch,
Entscheidungen überlegt zu treffen. Hier unterscheiden sich die
Menschen wieder: Die einen kennen ihre Ziele, wissen genau, was sie
möchten und was in welcher Form akzeptabel/wichtig für sie ist. Sie
können ad hoc entscheiden. Andere hingegen müssen sich erst einmal
die Dinge durch den Kopf gehen lassen, ganz besonders wenn ein
Angebot vom eigentlichen Ziel abweicht.

Ein Beispiel *Sie haben sich in Ihrer Firma erfolgreich um eine verant-
wortungsvollere Position beworben und bekommen die Beförderung.
Aber: Die Gehaltserhöhung fällt niedriger aus, als Sie erwartet haben.
Jetzt haben Sie einerseits mehr Sichtbarkeit und die angestrebte Position, aber andererseits weniger Gehalt als erhofft. Je nach Wertigkeit
der beiden Ziele fällt Ihre Entscheidung unterschiedlich aus.*

➜ Nehmen Sie sich die Bedenkzeit, die Sie brauchen!

3. Zeit nutzen, um Ziele zu regulieren

Hier gilt es zum einen, die vorhandenen Kapazitäten zu kennen, um
sich Sichtbarkeitsziele zu setzen, die Sie realistisch umsetzen können.
Zum anderen geht es auch darum, dass Sie Zeit darauf verwenden, sich
zu fordern.

Ein Beispiel *Sie setzen sich vor einer Veranstaltung ein Zeitlimit,
wie lange Sie dableiben. Wenn Sie nicht hingehen wollten, nehmen Sie
sich „nur eine Stunde" vor; „wenn ich dann keine Lust mehr habe, darf
ich gehen". Wer sich fordern will, setzt sich ein höheres Zeitlimit als
gewohnt. Mit der neugierigen Haltung „Wer weiß, was noch kommt,
ich will es nicht verpassen!" statt „Oh Gott, wie lange soll ich denn
noch bleiben!"*

➜ Zeit kann motivieren, etwas auszuprobieren, und sie kann
Durchhaltevermögen trainieren.

4. Eingewöhnungszeiten kultivieren

Der größte Fehler bei der persönlichen Entwicklung ist die Ungeduld.
Denn die führt einerseits dazu, dass man sich viel zu viel vornimmt,
weil man plötzlich alles auf einmal angehen möchte. Und sie führt
andererseits dazu, dass man sich nicht die Zeit gibt, eine neue Verhal-
tensweise zu etablieren.

„Es ist noch kein Meister vom Himmel gefallen" – das gilt auch für Ihre
Sichtbarkeitsziele! Sie werden manches mit Leichtigkeit meistern. Aber
viele andere Situationen – und wie Sie sich innerlich dabei fühlen –
werden nicht auf Anhieb perfekt laufen. Das ist völlig normal!

Dazu kommt, dass alles, was man ganz neu anfängt, am Anfang „komisch" ist oder noch nicht mal Spaß macht. Einfach weil man noch viel zu sehr mit sich selbst beschäftigt ist und noch nicht die sichere Routine hat, um wirklich Freude an der Sache zu haben und besser zu werden.

→ Nehmen Sie sich Zeit und tasten Sie sich an Neues heran: Probieren Sie aus, was Ihnen besser liegt. Erleben Sie sich in der neuen Herausforderung erst einmal. Seien Sie nicht ungeduldig mit sich selbst, wenn Sie etwas nicht sofort können oder am Anfang ganz normale Unsicherheiten haben.

5. Sich Ruhepausen gönnen

Lassen Sie es auch mal gut sein! Sie haben einen vollen Alltag – Sie sind im Beruf eingebunden, Sie haben Freunde und Familie, Sie haben hoffentlich bereits Zeit für sich selbst und persönliche Interessen reserviert.

Das Aufmöbeln Ihrer Sichtbarkeit kommt nun noch oben drauf – vermutlich neben weiteren kleinen und großen Vorhaben. Unser Körper und Geist braucht aber auch seine Ruhe. Nicht nur um Kraft zu schöpfen, sondern auch damit wir mental fit sind, uns zu fokussieren und unser Bestes zu geben. Vor allen Dingen gilt aber, dass gerade unser leiseres Gehirn neue Eindrücke verarbeiten muss. Und das tut es in der Ruhephase NACH einer Aktion.

Und auch wenn Sie mittendrin sind – z. B. auf einer Veranstaltung oder in einer Verhandlung – und merken, dass Ihnen die Luft ausgeht und die Aufmerksamkeit und damit Präsenz nachlässt, ziehen Sie sich für eine kurze Pause raus. Nehmen Sie sich 10 bis 15 Minuten Zeit, um aufzutanken. Eine Toilettenpause ist immer erlaubt. Holen Sie Luft, besinnen Sie sich auf Ihre Kernstärken, aktivieren Sie Ihre Wohlfühlinsel. Und dann starten Sie gestärkt neu durch!

→ Geben Sie Ruhephasen eine hohe Priorität!

Der Wow!-Faktor

Mit dem Wow!-Faktor ist einfach gemeint, dass Sie sich – und andere – selbst überraschen. Diese Sternstunden, von denen wir vorhin sprachen, in denen man so richtig über sich selbst hinauswächst, sind solche Wow!-Momente.

Man ist total aus dem Häuschen, was man da gerade gemacht/getan/gesagt … gemeistert hat! Oder man hat sich spontan etwas getraut und ist zur eigenen Überraschung damit klargekommen.

Dieses Über-sich-selbst-Hinauswachsen(-Wollen) ist ein wahnsinnig schöner Antrieb, wenn Sie sich auf Ihre Art sichtbarer machen möchten.

Ganz wichtig Der Wow!-Faktor ist etwas, was Sie in erster Linie für sich selbst und ohne Druck tun.

Es geht nicht darum, dass Sie andere beeindrucken, sodass diesen die Kinnlade herunterfällt. Nein! Es geht darum, dass Sie sich selbst beeindrucken, indem Sie

- immer mal zu etwas Ja sagen, was Sie bisher verneint haben;
- mehr und mehr auf sich vertrauen, um selbstbewusst zu sagen: „Ich hab schon ganz andere Sachen gekonnt, dann kann ich das bestimmt auch";
- sich gelegentlich herausfordern und immer mal ein Ziel direkt in den Entwicklungsraum legen.

Der Wow!-Faktor ist ein i-Tüpfelchen Ihrer Sichtbarkeit, das Sie unabhängig von der Komfortzone auf gute Weise fordert, mehr aus sich herauszugehen. Gleichzeitig aber ist es etwas, für das Sie sich aus vollem Herzen selbst entscheiden – und dosiert einsetzen. Die vielfältigen Einsatzmöglichkeiten stelle ich Ihnen weiter unten vor. Außerdem finden Sie am Ende des Buches einen Strauß an Ideen, wie Sie sich selbst aus der Reserve locken.

MERKSATZ

Der Wow!-Faktor ist das i-Tüpfelchen Ihrer Sichtbarkeit

Ab in die Entwicklung!

Nun führen wir alles zusammen. Dazu nutzen Sie für jedes neue Sichtbarkeitsziel ganz einfach das Räume-Modell auf Seite 147, mit dem Sie Ihre Ziele abklopfen und machbare Schritte festlegen können. Besonders wichtig ist, dass Sie sich Ihres bereits vorhandenen Fundamentes bewusst werden, das es für jedes Ihrer Sichtbarkeitsziele bereits gibt.

1. Mein Sichtbarkeitsziel

Hier notieren Sie Ihr aktuelles Ziel, so wie Sie das z. B. im Sichtbarkeits-Steckbrief am Ende des Kapitels „Ein starkes inneres Leitbild als Fundament" mit Ihren ersten drei Zielen schon gemacht haben.

Das heißt konkret:
Nun beschreiben Sie dieses Ziel etwas konkreter, sodass es wirklich greifbar für Sie wird und Sie sich Ziele setzen, die Sie auch messen können (weil Sie wissen, woran Sie merken, dass Sie sie erreicht haben/was anders als zuvor ist).

2. Standortbestimmung im Räume-Modell

Dann schätzen Sie ein, wo sich das Ziel aus Ihrer Sicht befindet. In diesem Beispiel liegt das Ziel außerhalb der Komfortzone, aber noch im angrenzenden Sicherheitsraum. Diese Bestimmung machen Sie ganz subjektiv. Sie können nichts falsch machen!

Mein Ziel liegt

- ☐ in der Komfortzone
- ☑ im Sicherheitsraum
- ☐ im Entwicklungsraum

Zeit-Faktor
Lesen Sie die 5 Zeitdimensionen ab Seite 159 durch und notieren Sie, welche davon für Ihr Ziel relevant sind und wie Sie sie einplanen.

Wow!-Faktor
Möchten Sie, auch wenn das Ziel in der Sicherheitszone liegt, sich irgendwie selbst überraschen, spielerisch herangehen oder besonders herausfordern?

3. Das steht mir bereits zur Verfügung

Meine absoluten Stärken, die mir für dieses Ziel nützen

Das sind die Kerneigenschaften, die Sie als absolute Stärken ermittelt haben.

Weitere relevante Kerneigenschaften, die mir für dieses Ziel nützen

Wählen Sie aus den 15 Kerneigenschaften aus dem Kapitel „Ein starkes inneres Leitbild als Fundament".

Komfortpunkte, auf die ich bauen kann

Was kennen Sie an der Situation: Umfeld, Menschen? Welche relevanten Kenntnisse bringen Sie bereits mit?

Einschlägige oder übertragbare Erfahrungen

Was haben Sie so ähnlich bereits gemacht? Welche Teilaspekte dieser Sache haben Sie bereits gemeistert, auf die Sie jetzt aufbauen können? Auf welche Erfahrungen aus anderen Bereichen Ihres Lebens können Sie zurückgreifen? All dies gibt Ihnen Sicherheit.

Mein Umfeld: Bremser und Mentoren

Wen möchten Sie in dieser Sache meiden und wer kann Ihnen helfen? (Kapitel „Klischees aus dem Weg räumen und Bremsen lösen")

Klischees und Barrieren, die mir hier hinderlich werden könnten

Welche Denkschubladen könnten Sie bei Ihrem Ziel sabotieren und wie wollen Sie das verhindern? (Kapitel „Klischees aus dem Weg räumen und Bremsen lösen")

Wie sorge ich für den Augenhöhe-Status?

Welche innere Einstellung und welches äußere Verhalten sind hier wichtig, damit Sie sich der Situation gewachsen fühlen und souverän auftreten können? (Kapitel „Status nutzen für mehr Präsenz")

4. Gibt es eine oder mehrere Improvisationsregeln, die ich explizit dafür einsetzen möchte?

Sehen Sie sich die sieben Regeln aus dem Kapitel „Improvisieren lernen – 7 Regeln für mehr Sichtbarkeit" an. Alle sind nützlich, aber Sie wissen ja: Sie sollten sich niemals überfordern! Suchen Sie sich gezielt eine oder zwei Regeln aus, die Sie genau für dieses Ziel als nützlich, einfach oder witzig empfinden.

Jetzt haben Sie ein Arbeitsblatt zu Ihrem Sichtbarkeitsvorhaben, aus dem genau hervorgeht, was Sie erreichen wollen. Sie haben dafür gesorgt, konkret zu werden und realistisch zu planen. Vor allem aber haben Sie alles, was Sie bereits mitbringen, gebündelt. Damit sorgen Sie auch auf unbekanntem Ziele-Gelände dafür, dass Sie alles unter Kontrolle haben.

Eine Beispiel-Analyse An diesem ausgefüllten Beispiel können Sie genauer nachvollziehen, wie diese Analyse Sie wirklich weiterbringt. Diesmal liegt das Ziel im Entwicklungsraum.

1. Mein Sichtbarkeitsziel

Ich will 10 Prozent mehr Gehalt aushandeln.

Das heißt konkret:
Ich will zum ersten Mal mit meinem Chef ein Gehaltsgespräch führen. Dafür werde ich einen Termin mit ihm vereinbaren, statt wie üblich Gespräche zwischen Tür und Angel zu führen. Meine neue Gehaltsvorstellung werde ich mit den konkreten Erfolgen meines Projektes im letzten Jahr begründen – eine konkrete Auflistung habe ich schon vorbereitet.

2. Standortbestimmung im Räume-Modell

Mein Ziel liegt

☐ in der Komfortzone
☐ im Sicherheitsraum
☑ im Entwicklungsraum

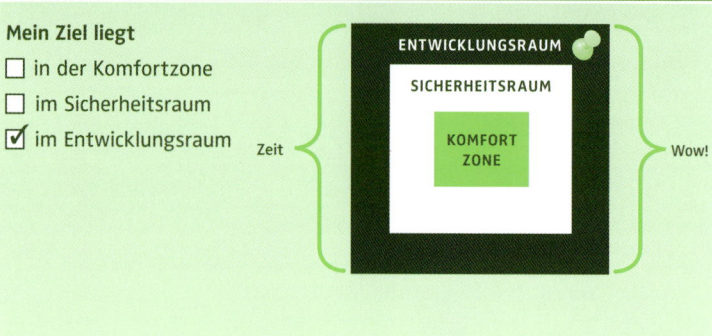

Zeit-Faktor

- Ich werde einen Termin mit einer Vorlaufzeit von mindestens 3 Tagen akzeptieren, damit ich mich gut auf das Gespräch vorbereiten kann.
- Ich will das Thema in Ruhe besprechen, deswegen werde ich einen Termin ausmachen, für den uns mindestens 30 Minuten zur Verfügung stehen.
- Wenn der Chef mir andere Vorschläge unterbreitet, werde ich nicht gleich entscheiden, sondern mir Bedenkzeit nehmen.

 Wow!-Faktor

Ich nehme mir vor, mich nicht wie üblich mit einem Nein abspeisen zu lassen. Sondern frage nach Alternativen – so etwas habe ich mich noch nie getraut!

3. Das steht mir bereits zur Verfügung

Meine absoluten Stärken, die mir für dieses Ziel nützen

- Ich setze Wissen ein: Ich weiß, was ich kann, und kann das gut begründen.
- Ich bin ausdauernd, gebe nicht so schnell auf: Das kann ich nutzen, indem ich hartnäckig bleibe.

Weitere relevante Kerneigenschaften, die mir für dieses Ziel nützen

- Ich bin relativ offen und zugewandt, wenn ich mich bemühe: Das kann ich besonders am Anfang des Gesprächs nutzen, um gute Stimmung zu erzeugen.
- Ich bin oft zielorientiert: Das kann ich nutzen, um mich nicht von meinem Ziel abbringen zu lassen.

Komfortpunkte, auf die ich bauen kann

- Ich kenne den Besprechungsraum sehr gut und weiß, in welcher Sitzposition ich mich am wohlsten fühle.
- Ich und mein Chef kennen und verstehen uns gut.
- Ich nehme meine Kaffeetasse zum Gespräch mit, das gibt mir ein sicheres Gefühl.
- Vorher aktiviere ich meine Wohlfühlinsel, um mich gut zu fühlen.

Einschlägige oder übertragbare Erfahrungen

- Ich habe schon mal eine Verhandlung mit meinem Chef über den Kauf eines neuen Computers geführt, ich weiß also ungefähr, wie ich argumentieren muss.
- Beim letzten Autokauf habe ich 10 Prozent Rabatt ausgehandelt, ich weiß also, dass ich es schaffen kann.

Mein Umfeld: Bremser und Mentoren

Bremser: Ich werde meinen Eltern erst im Nachhinein von meinem Vorhaben erzählen, denn ich weiß genau, sie würden mich mit ihren Bedenken und Ratschlägen nur verunsichern.

Mentoren:
- Die Sekretärin meines Chefs weiß genau, wann der Chef am besten anzusprechen ist, deswegen werde ich sie um Unterstützung bitten.
- Meine Freundin kann mir dabei helfen, meine Argumente einzuüben und auf kritische Nachfragen zu antworten.

Klischees und Barrieren, die mir hier hinderlich werden könnten

- Ich tue mich immer wieder schwer damit, mich selbst zu loben (Klischee: Eigenlob stinkt), ich formuliere meine Argumente daher so, dass ich meine Verdienste so in den Vordergrund stelle, dass ich mich wohl dabei fühle. Meine Freundin hilft mir dabei, sie kann das gut.
- Das „Nie genug Prinzip" kann mir hier insofern gefährlich werden, als ich die Terminvereinbarung zu lange vor mir herschiebe mit der Begründung, ich sei noch nicht bereit dafür. Daher nehme ich mir fest vor, bis zum Freitag nächster Woche einen Termin zu vereinbaren. Dann habe ich keine Ausflüchte mehr.

Wie sorge ich für den Augenhöhe-Status?

Innere Einstellung:
- Ich weiß, dass ich kein Bittsteller bin, sondern dass die Gehaltserhöhung längst fällig ist und mir zusteht.
- Im Vorwege führe ich mir meine Verdienste der letzten Jahre vor Augen, damit ich noch überzeugter davon bin.
- Mein Chef weiß, was er an mir hat. Er lobt mich ständig. Diese Lobpunkte kann ich wunderbar aufgreifen in meinen Argumenten und fühle mich dadurch sicher.

▶

Äußeres Verhalten:
- Ich übe gerade, mich sicher im Raum zu bewegen: laut anzuklopfen, sicher den Raum zu betreten, mich mit etwas Schwung hinzusetzen und meine Unterlagen auf meinem Teil des Tisches auszubreiten. Allerdings ist es wichtig, nicht zu übertreiben, denn der Raum gehört ja meinem Chef.
- Gerade und entspannt sitzen, die ganze Sitzfläche einnehmen und meine Arme auf den Stuhllehnen ausbreiten.
- Unbedingt Blickkontakt halten, etwas lächeln und lauter sprechen.
- Da mein Chef sehr dazu neigt, mich zu unterbrechen, sagen: „Einen Moment, bitte" und weitersprechen. Oder nach der Unterbrechung wieder neu ansetzen und das, was ich sagen wollte, zu Ende führen. Mich also nicht aus dem Konzept bringen lassen.

Auch das trainiere ich mit meiner Freundin.

4. Gibt es eine oder mehrere Improvisationsregeln, die ich explizit dafür einsetzen möchte?

Ich nehme mir besonders Regel Nr. 3 „Nimm dich und andere in den Fokus!" vor, denn ich weiß, dass ich mich dann als besonders präsent erlebe und mich wohlfühle, wenn ich aktiv die Initiative übernehme, statt darauf zu warten, was kommt. Und ich will darauf achten, dass die Gesprächsanteile gleich verteilt sind, dass nicht nur mein Chef spricht. Ich sehe es so, dass ich 50 % der Verantwortung für das Gespräch trage, und will sie wahrnehmen.

Schreiben Sie Ihre eigene Analyse immer so aussagekräftig wie möglich, sie darf ruhig ausführlicher ausfallen!

Ein Formular zu diesem Arbeitsblatt können Sie herunterladen auf: www.natalieschnack.de/sichtbarkeitsvorhaben.pdf

Ihre Sichtbarkeitserfolge

Jede Veränderung braucht eine gute Basis, die für Sicherheit sorgt. Sonst traut man sich gar nicht erst loszulegen. Denn nur in einer sicheren Umgebung sind wir in der Lage, kreativ und frei zu sein und uns auf Neues einzulassen und spontan zu sein. Sie sehen also:

In den vielen Übungen in diesem Buch haben Sie gelernt, wie Sie selbst für sich und Ihre Sicherheit sorgen können, statt darauf zu warten, dass irgendjemand passende Bedingungen für Sie schafft.

Und natürlich ist immer, wenn man mit anderen Menschen zu tun hat, Improvisation notwendig, denn auch die besten Pläne funktionieren meist in etwas abgewandelter Form. Aus genau diesem Grund habe ich Ihnen die wichtigsten Improvisationsregeln näher gebracht. Denn sie sorgen dafür, dass Sie spontan auf das reagieren können, was auf diesem Veränderungsweg auf Sie zukommt.

Je nach Ihrem Persönlichkeitstyp (Kapitel „Ein starkes inneres Leitbild als Fundament") werden Sie mehr oder weniger Vorbereitung brauchen und somit mehr oder weniger improvisieren, um auf das gleiche Ergebnis bei Ihrer Sichtbarkeit zu kommen:

- Der Erkenntnistyp braucht eine detaillierte Planung, bevor er ins Tun kommt.
- Der Handlungstyp wird mit einem groben Fahrplan gleich aktiv.
- Der Beziehungstyp plant eher wenig, sondern stürzt sich ins Getümmel und verlässt sich auf sein Improvisationstalent.

So werden auch Sie, je nachdem, was Sie persönlich brauchen, mehr oder weniger in die Vorbereitung investieren. Achten Sie darauf, dass Sie ausgewogen vorgehen:

- Wenn Sie dazu neigen, alles bis ins kleinste Detail durchzuplanen, lassen Sie es auch mal gut sein und probieren Sie kleine Dinge einfach mal spontan aus.
- Wenn Sie immer nur improvisieren, dann wird Ihnen gedankliche Vorarbeit viele unangenehme Erfahrungen ersparen.

Durchbrechen Sie auch hier Ihre eigenen Routinen und machen Sie es mal anders!

MERKSATZ

Sichtbarkeit = Vorbereitung + Improvisation

Machen Sie die Erfolgskontrolle

Nun ist es natürlich auch wichtig, dass Sie, wenn Sie einen weiteren Schritt in Richtung Ihrer neuen Sichtbarkeit getan haben – und sei er noch so klein –, dies zur Kenntnis nehmen, würdigen und daraus für Ihre weiteren Vorhaben lernen. Mit anderen Worten: Machen Sie eine Erfolgskontrolle!

Nutzen Sie dazu die Skala auf Seite 80, mit der Sie Ihre aktuelle Sichtbarkeit bewertet haben. Damit können Sie auf eine einfache Art ganz wunderbar Ihre Sichtbarkeitsergebnisse messen.

Gewöhnen Sie sich an, sich VOR und NACH jedem von Ihnen umgesetzten Sichtbarkeitsziel zu fragen, wie zufrieden Sie mit Ihrer Sichtbarkeit in dem jeweiligen Augenblick sind:

	1	2	3	4	5	6	7	8	9	10	
Ich bin unzufrieden mit meiner Sichtbarkeit.											Ich bin sehr zufrieden mit meiner Sichtbarkeit.

Es ist spannend zu ergründen, was sich zwischen Vorher und Nachher verändert hat:

- Wie viele Punkte vorher, wie viele nachher?
- Woran machen Sie das fest, was hat sich konkret verändert?
- Entspricht die Veränderung Ihren Erwartungen? Was ist der Unterschied?
- Was können Sie aus dem Erlebten für sich grundsätzlich und insbesondere für Ihre weiteren Sichtbarkeitsziele mitnehmen?

Sehr wichtig Achten Sie darauf, dass Sie bei den Bewertungen nicht wieder in Ihre Schubladen geraten, sich Ihre Erfolge kleinreden und sich damit selbst sabotieren. Machen Sie diese Erfolgskontrolle daher wirklich ganz konkret und sehr wohlwollend, denn dann werden Sie motiviert sein weiterzumachen!

... und noch mal zum Wow!

Zum Abschluss möchte ich noch einmal ein Plädoyer für die Spielfreude halten. Die ist für alle Ziele die wichtigste Zutat. Und Sie wissen ja: Der Wow!-Faktor ist nur für Sie selbst da.

Bisher habe ich Ihnen den Wow!-Faktor nur als eine Möglichkeit innerhalb spezifischer Vorhaben vorgestellt, aber Sie können ihn natürlich auch generell nutzen, ganz ohne die einzelnen Räume zu betrachten. Einfach um mal von der Komfortzone wild in die Entwicklungszone zu springen – spielerisch, ohne Netz und doppelten Boden.

Es gibt verschiedene Alternativen, sich aus der Reserve zu locken:

Wenn du, dann ich Schließen Sie einen Pakt mit jemand anderem und arbeiten Sie gemeinsam an der Sichtbarkeit. Machen Sie daraus ein Pingpongspiel, in dem Sie sich gegenseitig zu immer neuen Sichtbarkeitszielen anspornen: Wenn du dein Ziel X erreichst, dann setze ich mein Ziel Y um. Machen Sie dann auf jeden Fall eine gegenseitige Erfolgskontrolle und klopfen Sie Ihre Ergebnisse auf Erfolge und darauf, was Sie daraus lernen, ab.

Das erzeugt einen spielerischen Wettbewerb und motiviert dazu, immer weiterzumachen.

Der gezielte Regelbruch Brechen Sie die Regeln! (Siehe dazu auch Kapitel „Improvisieren lernen – 7 Regeln für mehr Sichtbarkeit", z. B. Regel Nr. 2 und Regel Nr. 7.)

Sie können sich gezielt vornehmen, die von Ihnen selbst etablierten Regeln zu brechen, z. B. wenn Sie sonst nie jemandem ins Wort fallen, in einem Gespräch Ihren Gesprächspartner immer mal wieder zu unterbrechen. Oder wenn Sie nie im Meeting etwas sagen würden, ohne es vorher genau durchzudenken, melden Sie sich einfach, bevor Sie überhaupt erst nachdenken konnten, und denken Sie erst während des Sprechens.

Die Möglichkeiten sind da unerschöpflich – nehmen Sie sich einfach das vor, von dem Sie sagen, dass Sie so etwas nicht tun oder nie tun würden, und dann machen Sie das Gegenteil: Kribbeln im Bauch ist da garantiert!

So tun als ob Stellen Sie sich vor, Sie sind ein Schauspieler und wollen eine bestimmte Rolle spielen. Dafür ist es wichtig, sich in die Person, die Sie darstellen wollen, so richtig einzufühlen, nachzuvollziehen, was sie denkt und fühlt. Suchen Sie sich als Vorbild jemanden, der das, was Sie vorhaben, total gut macht – es kann ein Promi oder ein Freund sein –, und benehmen Sie sich mal genauso, wie diese Person es tun würde. Machen Sie das erst zu Hause und dann im Supermarkt, wo nichts Bedeutendes passieren kann.

Es geht nicht darum, etwas vorzuspielen, was man nicht ist, sondern in die Haut einer anderen Person zu schlüpfen und von ihr „aus dem Inneren" heraus für sich und die eigene Sichtbarkeit zu lernen.

Das i-Tüpfelchen Nehmen Sie sich vor, in allen Situationen, die in Ihrer Komfortzone liegen, ein kleines Detail zu verändern und etwas ganz Neues hinzuzufügen.

Saßen Sie sonst im Meeting beim Berichten über den Projektfortschritt, stehen Sie auf und gehen Sie nach vorn. Haben Sie sonst in der Vereinssitzung für Ihren Bericht ein Flipchart genutzt, nehmen Sie stattdessen eine Pinnwand zur Hilfe. Haben Sie bei Veranstaltungen Menschen erst nach ihrem Namen gefragt, stellen Sie sich erst einmal selbst vor, oder anders herum.

So verändern Sie zwar nicht wirklich viel, aber Sie peppen die Sache etwas auf und locken sich selbst aus der Reserve, ohne sich zu überfordern.

Mutprobe: Ohne Netz und doppelten Boden Risiken einzugehen kann man schon mit Kleinigkeiten trainieren. Machen Sie etwas, was Sie sonst vermeiden. Experimentieren Sie z. B. mit dem Augenkontakt: Schauen Sie beim Spaziergang jeder entgegenkommenden Person direkt in die Augen, und zwar so lange, bis sie an Ihnen vorbei ist. Es ist sehr spannend zu beobachten, wie Menschen darauf reagieren. Auch in der Bahn können Sie es ausprobieren: Fixieren Sie eine Person und schauen Sie sie dauerhaft an; mal sehen, was passiert!

So trainieren Sie generell Ihre Trau-dich-Muskeln. Es muss nicht gleich der Fallschirmsprung sein, tun Sie einfach etwas, was man sonst nicht macht. So üben Sie, sich zu überwinden, aber mit kalkuliertem Risiko, denn die Wahrscheinlichkeit ist sehr groß, dass Sie diese Leute nie mehr treffen.

Blicke auf sich ziehen Gerade wenn Sie sich sonst unauffällig verhalten, können Sie auch ohne ein spezielles Ziel mal nur eine Sichtbarkeits-Mutprobe machen, z. B. einen knallroten Mantel kaufen, wenn Sie sonst nur gedeckte Farben tragen, oder einen kecken Hut aufsetzen oder im Büro eben mal nicht im üblichen Schwarz/Anthrazit aufkreuzen, sondern im royalblauen Hemd.

Es geht darum, einfach mal allein durch Ihre Anwesenheit aufzufallen. Es muss nichts Irres sein, sondern etwas, was an sich ganz normal wirkt, nur für Sie selbst eben nicht, weil Sie es nicht gewohnt sind, so aufzufallen.

Auch das ist eine gute Methode, sich aus der Deckung zu wagen und sich zu zeigen, statt sich zu tarnen.

Ihnen fallen ganz sicher viele weitere Ideen ein, wie Sie sich selbst spielerisch herausfordern können. Nutzen Sie sie, probieren Sie sie wild aus, lachen Sie über sich selbst!

Denn besonders durch diese spielerischen Aspekte lernen Sie, dass eben diese Lockerheit, das Witzige und Echte das Wichtigste für die Sichtbarkeit ist. Auf keinen Fall soll sie zu einer bierernsten Fassadenangelegenheit werden!

Im Gegenteil – ich freue mich, wenn es mir gelungen ist, Sie zu ermutigen, Ihre neue Sichtbarkeit als eine Einladung zu einer persönlichen Weiterentwicklung zu sehen, die Spaß macht!

ZUM SCHLUSS

Liebe Leser,

erinnern Sie sich? Sich sichtbar machen bedeutet „nachweisen, zeigen, demonstrieren, herausstellen, enthüllen, an die Oberfläche bringen, zur Ansicht freigeben, offenlegen".

Alle diese Begriffe sind Aktiv, so steht da z. B. „enthüllen" und „offenlegen" und nicht „enthüllen lassen" oder „offengelegt werden". Das bedeutet, Sie sind selbst dafür verantwortlich, ob die anderen mitbekommen, was Sie drauf haben und was Sie leisten. Es liegt also in Ihrer Hand, den anderen klarzumachen, wie Sie wahrgenommen werden wollen. Und es spielt keine Rolle, dass Sie introvertiert sind. Denn gerade leise Präsenz kann eine besonders intensive Präsenz sein, wenn Sie sie sich nur erlauben.

Ich habe Ihnen die Werkzeuge geliefert, die mir auf meinem Weg unglaublich geholfen haben. Jetzt sind Sie an der Reihe!

Ich freue mich auf Ihr Feedback, Ihre Erfahrungsberichte und natürlich auch Kritik.

Ihre
Natalie Schnack
Sichtbarkeits-Coach
www.natalieschnack.de

DANKE!

Ohne die folgenden Menschen hätte es dieses Buch nie gegeben. Deswegen danke ich herzlich

... meinem Mann Michael, der mein Zurückgezogensein über Monate hinweg ertragen hat, sich immer um mein Wohl und alles andere kümmert, immer hinter mir steht und alle meine „Flausen" mitträgt

... meinem Sohn Roman für seinen scharfen Verstand und dafür, dass er für mich da ist

... der genialen „Schreibnudel" Gitte Härter, die mich beim Schreiben gecoacht und dafür gesorgt hat, dass ich trotz aller Tiefs bei der Stange geblieben bin und dass dieses Buch so schön geworden ist, wie es jetzt ist

... meinen wichtigsten Lehrern:

- Ella Gabriele Amann dafür, dass sie mir die Welt der Angewandten Improvisation eröffnet hat
- Martin Ciesilski dafür, dass er mir die Improvisation als eine Lebensphilosophie nahegebracht hat
- Ralf Stumpf dafür, dass er sein unglaubliches Wissen rund um die Themen persönliche Entwicklung und vor allem NLP und Persönlichkeitstypen nach Friedmann so großzügig teilt
- Turid Müller für den Start in die Welt des Improvisationstheaters
- Doug Nunn für die Entdeckung der „frechen Frau"

... dem humboldt Verlag für die Verwirklichung meiner Buchidee, insbesondere Herrn Wachsmann und der freien Lektorin Frau Lenz für die tolle Zusammenarbeit!

ANHANG

Zum Weiterlesen

Cain, Susan: Still: Die Bedeutung von Introvertierten in einer lauten Welt. Riemann Verlag 2011

Friedmann, Dieter: Die drei Persönlichkeitstypen und ihre Lebensstrategie: Wissenschaftliche und praktische Menschenkenntnis. Wissenschaftliche Buchgesellschaft 2012

Johnstone, Keith: Improvisation und Theater. Alexander Verlag 2010

Lehner, Johannes M., Ötsch, Walter O.: Jenseits der Hierarchie. Status im beruflichen Alltag aktiv gestalten. WILEY-VCH Verlag 2006

Löhken, Sylvia: Leise Menschen – starke Wirkung. GABAL 2012

Schnack, Natalie: 30 Minuten Selbstbehauptung. GABAL 2013

Über die Autorin

Natalie Schnack ist selbst introvertiert. Heute begleitet sie als Sichtbarkeits-Coach Selbstständige und Angestellte dabei, aus ihrer Tarnung herauszukommen und sich auf die eigene Art der Welt zu zeigen. Sie spielt Improvisationstheater und lebt und arbeitet nach der Philosophie, die dahintersteht.

Ihr erstes Buch „30 Minuten Selbstbehauptung" ist im August 2013 erschienen.

Zuvor war die Diplom-Wirtschaftsingenieurin (FH) mehr als zehn Jahre in einem der größten Medienunternehmen Europas tätig, zuletzt als Projektleiterin Kundenorientierung. Ihre Karriere ist alles andere als selbstverständlich: Geboren in Kasachstan, musste sie als Kind deutscher Aussiedler klein anfangen und sich ihren Weg bahnen.

Interessierte können sie bei Facebook, Twitter oder auf ihrem Blog treffen: www.natalieschnack.de

Yvonne de Bark

Körpersprache einfach nutzen

Eine Schauspielerin verrät die besten Tricks für Alltag, Flirt und Job

240 Seiten, mit DVD
14,5 x 21,5 cm, Broschur
ISBN 978-3-86910-487-4
€ 29,99

Auch als E-Book erhältlich.

- Buch mit Film auf DVD
- Witzig und kompetent: Schauspielerin Yvonne de Bark rollt das Thema Körpersprache neu auf
- Die Tricks der Schauspieler nutzen
- Mit vielen alltagstauglichen und erprobten Beispielen

Die Schauspielerin Yvonne de Bark ist es gewohnt, in unterschiedliche Rollen zu schlüpfen. Zicke, Mörderin oder Krankenschwester mit Herz: Jede Figur hat eine andere Körpersprache. Als Schauspielerin weiß sie, wie sie diesen Ausdruck quasi auf Knopfdruck abrufen kann.

Dieses Wissen gibt sie in „Körpersprache einfach nutzen" witzig und kompetent weiter. Die Expertin für Körpersprache erklärt, wie Sie Gestik und Mimik perfekt einsetzen können und gleichzeitig entschlüsseln, was andere wirklich denken: von Flirt-Signalen bis zum Gespräch mit dem Chef. Mit zahlreichen Fotos und DVD.

Änderungen vorbehalten

Ann-Christin Baßin

Sicheres Auftreten

Das Erfolgstraining für
ein selbstbewusstes Leben

So verbessern Sie Körpersprache,
Stimme und Selbstvertrauen

184 Seiten, 12,5 x 18,0 cm, Broschur
ISBN 978-3-86910-478-2
€ 9,95

Auch als E-Book erhältlich.

Wie vermeide ich Schüchternheit und Versagensängste? Wie wirke ich souveräner auf andere? Schüchterne Menschen müssen immer wieder Selbstzweifel überwinden. Dabei ist sicheres Auftreten grundsätzlich leicht: Sogar die Körpersprache und die eigene Stimme lassen sich problemlos trainieren. Neben vielen Übungen gibt dieser Ratgeber wertvolle Tipps für ein selbstbewusstes Leben.

„Die Abschnitte sind schön kurz gehalten und lustige Bilder lockern das Thema der positiven Lebensgestaltung auf. Wichtige Tipps werden in Stichpunkten aufgezählt und Beispiele, Zitate und Ratschläge sind hervorgehoben. Dadurch liest sich das Buch sehr schön und bereits fünf Minuten schmökern in einer kurzen Pause lohnen sich, um wichtige Tipps herauszufiltern." bewerberblog.de

Änderungen vorbehalten

Dieter J. Zittlau

Schlagfertig kontern

Ein Übungsbuch

224 Seiten, 12,5 x 18,0 cm, Broschur
ISBN 978-3-86910-471-3
€ 9,95

Auch als E-Book erhältlich.

Wie sage ich das Richtige im richtigen Moment? Ärgert man sich über eine dumme, anzügliche oder gar aggressive Bemerkung, fällt es schwer, spontan und geistreich zu reagieren. Doch Schlagfertigkeit lässt sich trainieren! Dieter J. Zittlau zeigt, wie man Hemmungen abbaut und blitzschnell kluge Antworten gibt.

„Sehr überzeugend stellt der Autor die Zusammenhänge zwischen Rhetorik, Logik und Psychologie dar. Besonders Hemmungen und Ängste sind für schlagfertige Entgegnungen kontraproduktiv. Wer überzeugen will, sollte nicht nur die emotionale Ebene der Gesprächsführung beherrschen, sondern auch aktiv Zuhören können. Ein gelungenes Übungsbuch, welches durch den amüsanten und witzigen Stil des Autors zum Mitmachen und Weiterlesen anregt."

Badisches Tagblatt

Änderungen vorbehalten

Bibliografische Information der Deutschen Nationalbibliothek
Die Deutsche Nationalbibliothek verzeichnet diese Publikation in der Deutschen
Nationalbibliografie; detaillierte bibliografische Daten sind im Internet über
http://dnb.ddb.de abrufbar.

ISBN 978-3-86910-500-0 (Print)
ISBN 978-3-86910-558-1 (PDF)
ISBN 978-3-86910-557-4 (EPUB)

Die Autorin: Natalie Schnack hilft als Sichtbarkeits-Coach und Trainerin Introvertierten dabei,
ihre vorhandenen Stärken zu erkennen und sinnvoll einzusetzen. Da sie selbst eher auf der
„leisen Seite" zu finden ist, kennt sie die Bedürfnisse von zurückhaltenden Menschen nicht nur
aufgrund ihrer umfassenden Coaching-Erfahrung sehr genau.

Originalausgabe

© 2014, 2016 humboldt
Eine Marke der Schlüterschen Verlagsgesellschaft mbh & Co. KG,
Hans-Böckler-Allee 7, 30173 Hannover
www.schluetersche.de
www.humboldt.de

Lektorat: Angelika Lenz, Steinheim an der Murr
Layout: Sehfeld, Hamburg
Covergestaltung: Kerker + Baum Büro für Gestaltung, Hannover
Coverfoto: CSA Images/ Color Printstock Collection / Getty Images
Satz: PER Medien+Marketing GmbH, Braunschweig
Druck und Bindung: Westermann Druck GmbH, Zwickau